Namenverzeichnis zum Plan von Danzig

Die Buchstaben und Zahlen zwischen den Linien || DE4 || bezeichnen die Quadrate des Planes

Abegg-Gasse	BC6, 7
Almodengasse	C6
Alter Turm	A6
Altes Zeughaus	A6
Alte Wasserkunst	AB4
Altstädtischer Graben	B–D3
Altstädtisches Rathaus	B3
Am brausenden Wasser	D3
Am Hagelsberg	A2
Am Holzraum	C1
Am Jakobstor	B2
Am Kielgraben	DE3, 4
Am Olivaer Tor	B1, 2
Am Stein	C3
Amtsgericht	A3
Am Wallplatz	AB6
An der großen Mühle	BC3
An der neuen Mottlau	D5, 6
An der Reitbahn	B4
Ankerschmiedegasse und Turm	C5
Annenkirche	AB5
Artushof (Börse)	C4
Aschbrücke	B6
Auguste-Viktoria-Stift	A3, 4
Bank von Danzig	B4
Baptistenkirche	A3
Barbaragasse	D4, 5
Barbarahospital	DE5
Barbarakirche	D5
Bastion Aussprung	C7
Bastion Bär	D7
Bastion Gertrud	A6
Bastion Maidloch	B7
Bastion Wolf	BC7
Baumgartsche Gasse	BC2, 3
Bischofsberg	A5
Bischofsgasse	A4, 5
Börse (Artushof)	C4
Böttchergasse	BC3
Brabant	D3
Breitgasse	BC4
Brotbänkengasse	C4
Brotbänkentor	CD4, 5
Burggrafengasse	C3
Burgstraße	D3
Damm I–IV	C3, 4
Danziger Messe	C2
Danziger Ölmühle	C6
Danziger Werft	DE1
Diakonissenkrankenhaus	A3, 4
Dienergasse	BC5
Dock	D1
Dominikanerkirche	C3, 4
Dominikanerplatz	C3
Dominikswall	B3, 4
Elisabethkirche	B3
Elisabethwall	B3
Englische Kirche	C4
Englischer Damm	DE4
Faulgraben	BC2
Fischmarkt	D3
Fleischergasse	B5
Frauengasse	C4
Frauentor	CD4
Gartengasse	C7
Gasanstalt	B6; DE2
Gewerbehaus	C4
Goldschmiedegasse	C4
Große Allee	AB1
Große Bäckergasse	D3
Große Berggasse	A4, 5
Große Gerbergasse	B4
Große Mühle	BC3
Große Nonnengasse	C3
Große Schwalbengasse	CD6
Großes Zeughaus	B4
Große Wollwebergasse	B4
Grüne Brücke	C5
Grüner Weg	BC6, 7
Grünes Tor (Museum)	C5
Güterbahnhof Leegetor	B6
Gymnasium	D5
Hafenamt	E2
Hagelsberg	A2
Hakelwerk	C3
Häkergasse	C3, 4
Häkertor	D4
Hansagasse	B2
Hansaplatz	B2
Hauptbahnhof	B2, 3
Hauptpost	B4
Hauptzollamt	D4, 5
Heilige Geistgasse	BC4
Heilige Geisthospital	CD3
Heilige Geistkirche	C3
Heilige Geisttor	CD4
Heilige Leichnams-Hospital und Kirche	AB2
Heumarkt	AB4
Hevelusplatz	D3
Hintergasse	B4, 5
Hohe Seigen	C2, 3
Hohes Tor	B4
Holzgasse	B5
Holzmarkt	B3, 4
Hopfengasse	C5, 6
Hospital Sankt Gertrud	A6
Hundegasse	BC4, 5
Husarengasse	D5
Jakobshospital	C2
Jakobswall	C2
Johannisgasse	C4
Johannistor	D4
Jopengasse	BC4
Irrgartenbrücke	B2
Jungferngasse	C3
Junkergasse	C3, 4
Kaiserhafen	E1
Kaiser-Wilhelm-Denkmal	B4
Karpfenseigen	D3
Karrenwall	AB4, 5
Kasernengasse	D5
Kassubscher Markt	B2
Katharinenkirche	C3
Kiebitzgasse	C6
Kiel-(Zimmer-)Graben	DE4
Klawittersche Schiffswerft	E2, 3
Kleiner Irrgarten	AB3, 4
Kneiphof	B5
Kohlengasse	B4
Kohlenmarkt	B4
Krantor	D4
Kriegerdenkmal	B3
Kuhbrücke	C5
Kuhtor	C5
Landessteueramt	A3
Landesversicherungsanstalt	AB5
Landgericht	A3
Landratsamt	A4
Lange Brücke	CD4
Langenmarkt	C4, 5
Langgarten	DE5
Langgarter Tor	E5
Langgarter Wall	E4, 5
Langgasse	BC4
Langgassentor	B4
Lastadie	BC5
Lawendelgasse	C3, 4
Leegetor	A6
Leihamt	A6
Loge Eugenia	A3, 4
Logengang	A4
Marienkirche	C4
Marienkrankenhaus	CD6, 7
Marienschule	C5
Markthalle	C3
Mattenbuden	D5
Mattenbudenbrücke	D5
Mennonitenhospital u. -Kirche	A5
Methodistenkirche	C3
Milchkannenbrücke	D5
Milchkannengasse	CD5
Mottlau	E2, 3; C5
Münchengasse	CD5
Navigationsschule	D3
Neue Mottlau	CD5, 6
Neue Stadtbibliothek	BC2
Neue Synagoge	B4
Neugarten	A3
Neugarter Tor	A3
Niederstadt	CD6
Nonnen-(Brigitten-)Kirche	C3
Oberpostdirektion	BC5
Oberrealschule	C2
Olivaer Tor	B1
Paradiesgasse	BC2, 3
Passage	B4
Petershagen	A5, 6
Petershagen, Haltestelle	A6
Petershager Tor	A6
Pfefferstadt	B2, 3
Pferdetränke	C3
Poggenpfuhl	B5, 6
Polizeipräsidium	AB4
Portechaisengasse	B4
Post	B3; C6
Postgasse	B4
Priestergasse	C3, 4
Promenade	AB2, 3
Radaune	A5; D2, 3
Radaunekanal	D3
Rähm	D3
Rammbau	CD2, 3
Rathaus	C4
Realgymnasium	AB5
Reitergasse	D5, 6
Rennerstiftgasse	B1
Rittergasse	D3
Sandgrube	A4
Sankt Bartholomäikirche	C2
Sankt Bartholomäikirchgasse	C2, 3
Sankt Johanniskirche	C4
Sankt Petri- und Paulikirche	B5
Sankt Salvatorkirche	A5
Schäferei	D4, 5
Schichaugasse	B1
Schichauwerft	B1
Schilfgasse	D6
Schlacht- und Viehhof	E4
Schleusengasse	C6, 7
Schmiedegasse	B3
Schopenhauerweg	A1
Schüsseldamm	C2, 3
Schützengasse	A3
Schwarzes Meer	A4
Senatsgebäude	A3, 4
Senatspräsidenten-Wohnung	B2
Silberhütte	AB3
Speicherinsel	C5, 6
Sperlingsgasse	C6, 7
Staatsarchiv	B2
Staatsbahndirektion	B2
Stadion	E5
Stadtgraben	AB3
Städtisches Arbeitshaus	A4
Städtisches Elektrizitätswerk	D4
Städtisches Gymnasium	BC5
Städtisches Museum	B5
Steffenspark	AB1
Steindamm (I, II, III)	CD5, 6
Stiftswinkel	B1
Stockturm	B4
Straußgasse	D6
Stützengasse	C5, 6
Theater	B4
Thornsche Brücke	C6
Thornsche Gasse	BC6
Thornscher Weg	C6, 7
Tischlergasse	C3
Tobiasgasse	CD3
Trinitatiskirche	B5
Uphagenhaus	B4
Viktoriaschule	B5
Völkerbundskommissariat	AB3
Volksbad	C6
Volkstagsgebäude	A3
Vorstädtischer Graben	BC4, 5
Wallgraben	C E2, 3
Weidengasse	CD5, 6
Weißm…	
Werftg…	
Wieben…	
Wilhel…	
Winter…	
Zigan…	

Hans Georg Siegler
Danzig erleben

«Danzig war eine deutsche Stadt, die Zahl ihrer vertriebenen Bürger bezeugt es. Und die Frage, woher diese Bewohner ursprünglich gekommen sein mögen, ob aus den Niederlanden, aus dem deutschen Friesland oder naturgemäß auch aus der kaschubischen Weichselniederung, scheint mir, wenn man damit den deutschen Charakter Danzigs anzweifeln will, um einige Jahrhunderte zu spät gestellt.»

August Scholtis «Reise nach Polen», 1962

Hans Georg Siegler

Danzig erleben

Ein kulturhistorischer Reisebegleiter durch Gdańsk

Fotos von Gerhard Jeske

Droste Verlag

Über den Autor:

Hans Georg Siegler, Dr. jur., wurde 1920 in Danzig geboren. Kenner der Danziger Kulturgeschichte. Literarische Sendungen (Süddeutscher Rundfunk) 1954/55. Juristische Sendungen (Südwestfunk). Seit 1956 Beiträge zur juristischen Fachliteratur. Seit 1959 Veröffentlichungen über Danziger Kulturgeschichte in der periodischen Literatur. Monographien: «Altdanziger Wohnkultur in literarischen Zeugnissen» (73), «Danziger Seehandel und Seeschiffahrt»

Über den Fotografen:

Gerhard Jeske, 1929 in Danzig geboren, erlebte im März 1945 den Untergang der Stadt. Nach mehreren Fotoreisen in Nord-Polen 1981 im Museumsdorf Wdzydze in der Kaschubei und dann in Ostholstein konnte er eine Fotoausstellung über Pommerellen – Land und Leute, die erste große visuelle Darstellung der Kaschuben, zeigen. Anliegen des Fotografen Jeske ist es, mit den Mitteln der Fotografie Kenntnisse und Verständnis über Polen zu vermitteln.

Alle Fotos von Gerhard Jeske, außer 13, 15, 38–40, 44, 56, 78, 94–97, 121 (vom Autor).
Stadt-Plan Vorsatz vorne: Meyers Lexikon, 7. Aufl. 1925, Bibliographisches Institut Leipzig.
Stadt-Pläne S. 122 und Vorsatz hinten aus: Bohdan Szermer: Gdańsk – Vergangenheit und Gegenwart, Verlag Interpress, Warszawa 1971.

Siegler, Hans Georg:
Danzig erleben: e. kulturhistor. Reisebegleiter durch Gdańsk/Hans Georg Siegler.
[Fotos von Gerhard Jeske]
Düsseldorf: Droste, 1985.
ISBN 3-7700-0688-7

© 1985 Droste Verlag GmbH, Düsseldorf
Schutzumschlag- und Buchgestaltung: Helmut Schwanen
Gesamtherstellung: Rheindruck Düsseldorf GmbH
ISBN 3-7700-0688-7

Inhalt

Asche und Phönix	6
Das ureigene Gesicht	8
Der älteste Stadtplan	8
Zeiten-Wandel	12
Ein erster Blick	12
Danzigs Hauptplatz	12
Danzigs Anfänge	14
Grünes Tor – Das Brückenpalais	14
Die Löwen wachen	15
Der Artushof	25
Die Portalfassade	25
Bruderschaften	25
Interieurs	26
Inschriften im Artushof	26
Ein «Ensemble für alte Musik»	27
Aus Trümmern geborgen	27
Vision	27
Der neue Rathausturm	28
Schale der Freiheit	28
Das Rathaus als Museum	29
Königssymbole	30
Der Rote Ratssaal	30
Apotheose Danzigs	31
Neuentdeckte Fresken	31
Allegorien	31
«Weder tollkühn noch furchtsam»	31
Altdanziger Wohnkultur	32
Der Thronsaal	32
Ständige Ausstellungen	32
Archäologische Entdeckungen	33
Rathaus-Inschriften	33
Die Danziger Diele (Sień Gdańska)	34
Der Danziger Neptunsbrunnen (Fontanna Neptuna)	34
Das Goldene Haus (Złota Kamienicka)	35
Wo Könige wohnten	35
Stadt der Museen	36
Auch Häuser haben ihr Schicksal	36
Gerhardsches Haus	36
«Adam und Eva» und das «Löwenschloß» (Lwi Zamek)	37
Die Ferberfamilie	38
Ein «Englisches Haus» (Dom Angielska)	38
Das Zwillingshaus	38
Lichte Heiterkeit und Grazie	39
Denkmalpflege	40
Dekadenz	41
Eine Philippika	41
Das Franziskanerkloster	43
Bibliothek und Gymnasium	44
Eine glückliche Fügung	44
Künstlerischer Mittelpunkt	45
Zerstörung und Neuaufbau	45
Im wiederaufgebauten Museum	45
Wiedersehen in Zürich	46
Inschriften auf Trinkgefäßen	46
Die Petrikirche und die Patrizier	47
An den Bastionen	48
Alte Türme am Stadthof	48
Die Schätze der Synagoge	58
Wall-Straßen	59
Der Völkerbundskommissar	60
Das Danzig-Statut	61
Das Fließende	61
Das Langgasser oder «Goldene Tor» (Brama Złota)	62
Die Georgshalle (Dwór Bractwa Św. Jerzego)	62
Der westliche Hauptplatz	63
Dominiksplan und Jahrmarkt	64
Die Künstler der Blütezeit	64
Stockturm (Wieża Więzienna) und Peinkammer (Katownia)	66
Günter Grass als Danziger	68
Das Große Zeughaus (Zbrojownia)	69
Der Kosak und die Löwen	70
Ostfassade (ul. Piwna)	70
Die «Komödienbude»	70
Drei Theaterbauten	71
Metamorphosen	71
Kieck in de Kök	72
Am Dominikanerplatz – Lavendelgasse (Plac Dominikański – ul. Lawendowa)	73
Chodowiecki besucht St. Nikolai	73
Die Kirchen der Altstadt	74
In der Kleinen Mühlengasse (ul. Podmłyńska)	77
Der Malerblick	78
Radauneinsel und Große Mühle (Wielki Młyn)	78
Sommerabend am Mühlenhof	79
Unwirkliche Melancholie	79
Im Rathaus der Altstadt (Ratusz Staromiejski)	80
Inschriften	89
Die Danziger Bibliothek	89
Alte Büchereien	90
Handschriften, Reisebeschreibungen	90
Die St.-Jakobs-Kirche am Schüsseldamm	91
Die Werft	92
Wo Burg und Schloß einst standen	92
Bernsteinstraße – Bernsteinfluß – Bernsteininseln	93
Völkerwanderung – Schicksalswende	93
Der erste Name der Stadt	94
Der salzhaltige Wind vom Meer	94
Polnische Post und Spendhaus (Poczta Polska i Dawne przytułki dla dzieci i starców)	95
Ein wiederentdecktes Bild	97
Wassertore und Speicherinsel	97
Langgarten und Niederstadt (Długie Ogrody/Dolne Miasto)	98
Orientalische Pracht	100
Krantor und Schiffahrt	101
Alte Danziger Schiffe	102
Seemuseum (Muzeum Morskie) im Krantor	102
Archäologisches Museum	103
Sternwarten	103
Gelehrte Gesellschaften	104
Frauengasse (ulica Mariacka)	106
Königliche Kapelle (Kaplica Królewska)	107
Der freigelegte Pfarrhof	107
Eine Rückblende auf zwei Reiterstandbilder	108
Gassen um Marien	109
Durchblick auf den Marienturm	109
Paramente und Blaker	109
Die Marienkirche (Kościół Najświętszej Marii Panny)	110
Kunstschätze im Kranz der Kapellen	111
«Wer baute das siebentorige Theben?»	112
Ein Rundblick vom Marienturm auf die Stadt Danzig	113
Anhang	123

Asche und Phönix

Das Wiedersehen mit Danzig ist wie das Erwachen aus einem Traum für den, der es früher kannte und seinen Untergang erlebte.
Der Tourist, der die Stadt zum ersten Mal sieht, ist beeindruckt von ihrer architektonischen Schönheit, von ihrem herben, nordischen Charme. In der Vergangenheit haben viele berühmte Autoren in ihren Reisetagebüchern über Danzig geschrieben, wie Ogier oder Bernoulli, Humboldt oder Chodowiecki. Das überschwengliche Lob des faszinierenden Stadtbildes galt nicht allein dem verwirrenden Anblick der schmalen Gassen mit dem auf und ab ihrer Giebel, den verzierten, oft überladenen Fassaden, den geschmückten Portalen und den charakteristischen Terrassen, die in Danzig «Beischläge» genannt werden. Die vielen Türme der Wehrbauten und Kirchen aus mittelalterlicher Zeit, ehrwürdige Zeugen der Backsteingotik, wetteifern mit den Wahrzeichen der Stadt, der Marienkirche (Kościół NP Marii), dem Artushof (Dwór Artusa) und Krantor (Żuraw) um die Gunst ihrer Betrachter. Es kann kaum ein Zweifel darüber bestehen, daß diese Stadt in der Vielfalt ihrer Erscheinungen ein Bild baulicher Geschlossenheit entfaltet. Die Besucherzahlen von mehr als hunderttausend Touristen, die jedes Jahr hierherkommen, sprechen eine klare Sprache. Sie kommen aber nicht nur, um die schöne Stadt an der Weichselmündung kennenzulernen. Es ist das Erlebnis, das sie anzieht, eine Stadt zu sehen, die in unvorstellbarer Weise in den letzten Kriegstagen verwüstet und in Asche gelegt wurde und zugleich in zwei Jahrzenten wie ein Phönix sich aus den Ruinen erhob. In der Innenstadt war kaum ein Haus stehengeblieben. Alle der mehr als zwanzig Kirchen, mit einer einzigen Ausnahme, waren zerstört. Vom Artushof standen nur noch die Fassaden. Das Krantor und das Rechtstädtische Rathaus (Ratusz Główny) waren ausgebrannt. Der chilenische Dichter und Nobelpreisträger für Literatur, Pablo Neruda, der die Stadt in diesem Zustand besuchte, bezeichnete das untergegangene Danzig in einem Gedicht als «irrzerfetzte Rose».
Er hat die zerbrochene Schönheit, aber auch Trauer und Verzweiflung über den Verlust in erschütternden Worten besungen.
Interessant ist die Rekonstruktion des alten Stadtbildes für den, der die Stadt von früher her kannte. Das versunkene Danzig wurde nur in seinem Kern historisch rekonstruiert, in der sogenannten Rechtstadt. Das sind die auf den Mottlaufluß hinstrebenden Gassen, von der Heiligengeistgasse (ul. Św. Ducha), über die Frauengasse (ul. Mariacka), die Jopengasse (ul. Piwna), die in ihrem östlichen Teil Brotbänkengasse (ul. Chlebnicka) genannt wird, dann die Langgasse (ul. Dluga), als Hauptstraße auch «Königlicher Weg» genannt und die sich südlich an sie anlehnende Hundegasse (ul. Ogarna).

1 *Langer Markt mit dem «Grünen Tor». Ein typisches Beispiel für die Intimität und Geschlossenheit des Festplatzes der Stadt.*

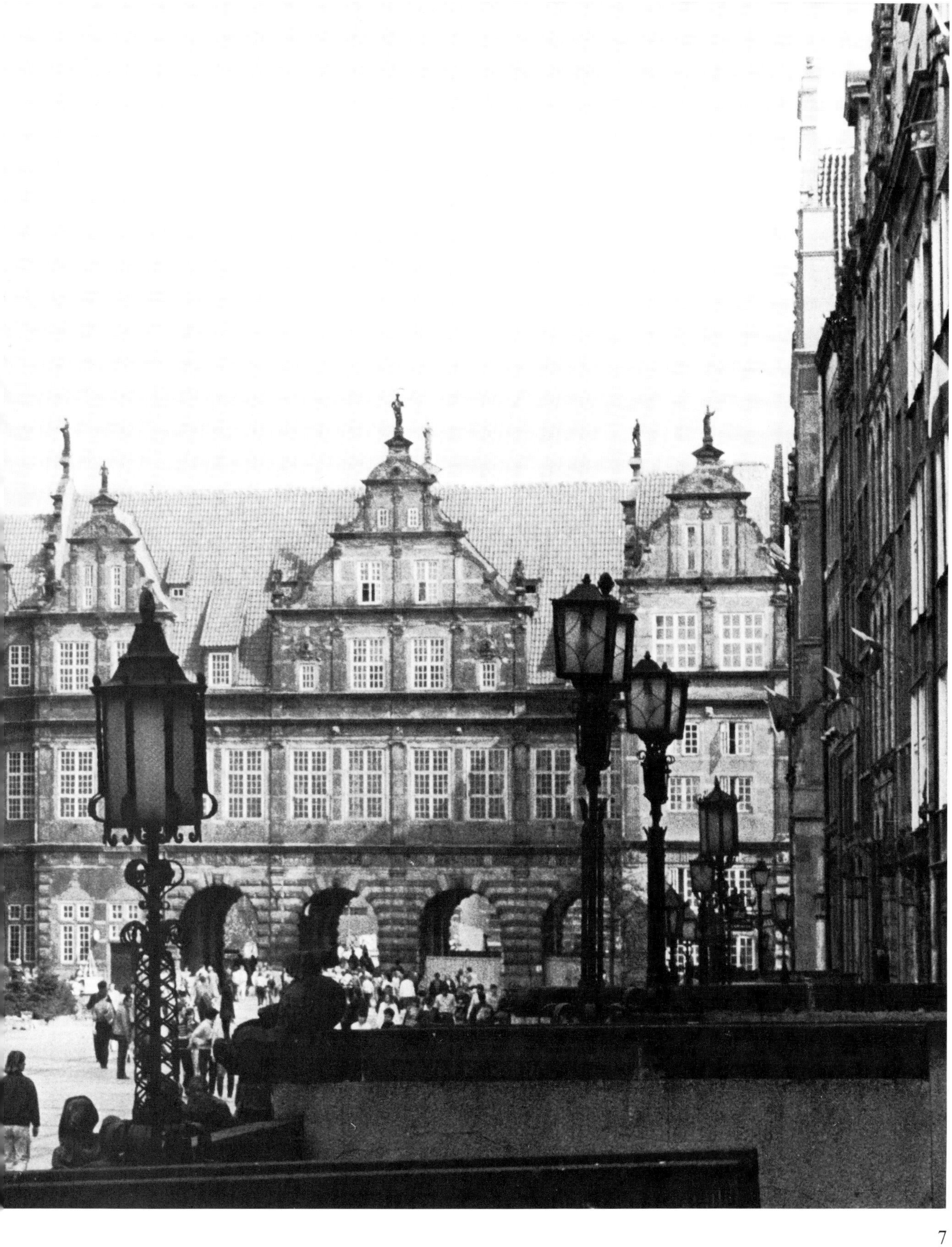

Das ureigene Gesicht

Es ist natürlich nicht Stein für Stein das alte Danzig, das sich dem Besucher darbietet. Dazu hätte man das Rad der Zeit zurückdrehen müssen. Aber es ist merkwürdigerweise ähnlicher dem früheren Danzig der älteren Epochen in der Weite, nach Zerstörung vieler Komplexe, die nicht wiederaufgebaut wurden. Man kann sagen, daß es heute in der Innenstadt mehr Grünflächen als bebauten Grund gibt. Das liegt daran, daß man die Stadt nicht mehr in jener Enge wiederaufbauen konnte, wie sie durch ihren Festungscharakter im Lauf der Zeiten sich ergab.

Der Mauergürtel und der Kranz der Bastionen, Wälle und Wassergräben, der sich um Danzig legte und im südöstlichen Teil auch heute noch fortbesteht, engte die Stadt ein, nachdem mit der schnellen Zunahme der Bevölkerung das Wohnbedürfnis steil anstieg. Man hat z.B. auch die Kaufhäuser, die das mittelalterliche Aussehen der Stadt verdrängten, nicht wiederaufgebaut, so daß heute in der Innenstadt die verdeckten Fragmente der Stadtmauer und die Reste von Tor- und Wehrtürmen wieder ans Licht des Tages treten konnten.

Von einer Rekonstruktion kann aber im wesentlichen nur für die Rechtstadt gesprochen werden, während in der südlichen Vorstadt oder in der nördlich vom Innenkern gelegenen Altstadt auf jeden Versuch eines Wiederaufbaus verzichtet werden mußte. Hier ist viel Asche übriggeblieben. Abgesehen von einigen, im leeren Raum stehenden Hochhäusern, bestimmen kahle Flächen oder Grünanlagen das Bild. Die schönen wiederaufgebauten Kirchengebäude spätgotischen Baustils ragen wie Felsen aus der Brandung.

Es ist schwer, sich hier zurechtzufinden, für den, der einmal hier lebte. Ich bin in der Altstadt aufgewachsen und habe hier meine Kindheit verlebt, und ich habe meine Heimatstadt im alten und neuen Bild, in Gegenwart und Vergangenheit buchstäblich wiederentdeckt. Es ist kein «Freilichtmuseum» und keine «Museumsstadt», sondern wieder ein lebendiges Gebilde einer Siedlung von ausgeprägtem nordischen Charakter mit sehr modernen Einschlüssen, die sich nicht immer harmonisch in das Rekonstruierte und das Überkommene einfügen. Dieses neu zu entdeckende Danzig ist nicht etwa eine Stadt «als eine Kopie ihrer Geschichte», sondern eine, die im Ablauf der Historie dauernden Wandlungen unterworfen wurde und doch über alle Zeiten hinfort ihr ureigenes Gesicht bewahrte.

Der älteste Stadtplan

Der Blick auf den ältesten Stadtplan des Jahres 1400 läßt einen interessanten Vergleich mit der unmittelbaren Gegenwart zu. An den Grundformen hat sich wenig geändert. Danzig stand zu jener Zeit unter der Herrschaft des Ritterordens. Man muß wissen, daß in dieser Epoche auch die meisten Kirchen entstanden, die wichtigsten profanen Bauten, wie Rathaus und Artushof, in ihrer ursprünglichen spätgotischen Form. Die Rechtstadt liegt auf dem alten Stadtplan vor den Augen des Betrachters wie ein trapezförmiges Kastell, umgeben von Wasserläufen, Brücken und Toren. Ausgangspunkt des Anblickes ist der Rundturm am Knie des Mottlauflusses, «Schwan» genannt, einst Außenfort der Ordensritterburg. Von hier aus, längs des Flusses, vorbei am Krantor (einem noch hölzernen Vorgänger), am Koggentor, der Koggen- und Kuhbrücke, zieht sich die untere, längere Linie des Trapezes entlang. Vom Ankerschmiedeturm zum Fischer- und Kettenhagertor gelangen wir etwa in einem rechten Winkel zu den drei Türmen des Stadthofs. Die dritte Gerade verläuft dann über das Langgasser Tor, Glockentor und dem Laternenturm zur Bastion «Kiek in de Köck» am Dominikanerplatz. Hier beginnt die vierte Gerade längs des Altstädtischen Grabens, vorbei am Haustor, zurück zum Schwanenturm am Fischmarkt. In dieser Pflanzstätte der späteren Stadtrepublik entstehen nach den Holz- und Fachwerkhäusern der ersten Bauperiode jetzt die ersten gotischen Bürgerhäuser, von denen nur noch wenige die Zeitenstürme bis in die letzten Kriegstage überdauerten. Der Wiederaufbauplan hat sie mit ins Spiel gebracht, und so kann man die Nachfahren im neuen Kleid heute wieder in der Frauengasse, der Kleinen Hosennähergasse (ul. Dziana), der Breitgasse (ul. Szeroka) und der Röpergasse (ul. Powróżnicza) besichtigen. Sie zeichnen sich von allen andern Giebelhäusern durch eine eigenwillige Form in Gestalt von runden Öffnungen oder durch Staffelgiebel aus.

Das spitzbögige Langgasser Tor (Brama Złota) und das Koggentor mußten in der Renaissance den neuen schwelgerischen Formen weichen, die beide Tore heute wieder zeigen. Nur der Name des Koggentores änderte sich in «Grünes Tor» (Brama Zielona) (nach der Farbe der Sandsteinbezüge), und das nach römischen Vorbildern als Triumphbogen gebaute Langgasser Tor nennt man heute «Goldenes Tor». Der Ausbau der Marienkirche von einer Basilika zum mehrschiffigen Hallenbau wurde um 1400 begonnen und dauerte ein ganzes Jahrhundert. Erinnern wir uns, daß die damals aufstrebende Seehandelsmetropole der Ostsee 1361 Hansestadt wurde. Als hun-

2 *Ein erhalten gebliebener Teil der alten Fortifikation Bastion Maidloch. Im Vordergrund die Steinschleuse (1619–1624). Sie regelte den Wasserstand der Stadtgräben (Umfluter). Zur Verteidigung der Stadt konnte das umliegende Tiefland (Danziger Werder) überschwemmt werden.*

3 *Die Haupt- und Prachtstraße der Rechtstadt. Die Langgasse. Die Patrizierhäuser zu beiden Seiten sind sämtlich rekonstruiert (mit drei Ausnahmen der Häuser an der Ecke zur Portechaisengasse). Im Hintergrund das eingerüstete Langgasser Tor, das vom Hauptfestungsturm der Stadt, dem Stockturm, überragt wird.*

4 *Patrizierhäuser am Langen Markt zur Großen Hosennähergasse mit Giebeln des «Grünen Tores». Sowohl der Lange Markt als auch die sich anschließende Langgasse sind heute Fußgängerzonen. Der Auto- und Straßenbahnverkehr wird über den Vorstädtischen Graben umgeleitet (Aleja Lenina).*

dert Jahre später die Herrschaft des Ritterordens erlosch, begann für Danzig eine neue wirtschaftliche Blüte mit der Hanse und der Personalunion unter der Krone Polens. Auch die Wassertore entlang des Mottlauflusses änderten ihre Grundformen bis in die heutige Zeit nicht. Entstellende Veränderungen wurden mit dem Wiederaufbau nach 1945 ausgeglichen. Die Bürgerhäuser legten bald ein neues Gewand an, das dem Wohlstand ihrer Besitzer entsprach.

Zeitenwandel

Die Gassen waren breiter, weil es noch keine den Hauseingängen vorgelagerten Terrassen gab, und die großen Höfe waren noch nicht mit Nebengebäuden zugebaut. Die Stadt wirkte heller und luftiger als in den folgenden Zeiten. Später kamen die neuen Verkleidungen der Fassaden der Patrizierhäuser nach dem Stil der Renaissance mit den verspielten und beschwingten Formen des Barock und Rokoko und den wieder strengeren des Klassizismus hinzu. Alle diese Stile gaben dann der Stadt ein neues, aber unverwechselbares Bild, das später bereichert wurde von den Beischlägen und Lindenalleen, die den Gassen neues Leben gaben. Eines der Geheimnisse der Stadt ist der organische Einklang der Häuser und Gassen mit der sie belebenden und umgebenden Natur. Wie viele Mauern, Tore und Türme haben diese Stadt in immer weiter ausschwingenden Ringen, mit Bastionen und Wällen umstanden, wie sie auf den früheren Veduten der Anton Möller oder von Braun und Hogenberg oder den vielen anderen Stadtaufblicken, welche die Künstler schufen, zu sehen sind.

Das für Danzig so typisch erscheinende Patrizierhaus in der Langgasse, das «Uphagenhaus» (Dom Uphagena), war bis zur letzten Stunde Symbol und Visitenkarte Altdanziger Wohnkultur. Ein einziges Museumsstück der Rokokozeit, das von allen Besuchern als ein Höhepunkt der Stadtführung empfunden wurde. Es ist nach der Rekonstruktion des zur Gasse gewandten Vorhauses heute eine Bibliothek, soll aber wieder als «Wohnmuseum» eingerichtet werden. Es gehörte eigentlich zu den jüngeren Häusern der Stadt, um 1766 erbaut. Danzigs Stern war schon längst im Widerspiel der Schicksalswogen von seinem Zenit, den es hundert Jahre zuvor erklommen hatte, herabgestiegen. Wie viele Vorgänger mögen an dieser Stelle in den vergangenen Jahrhunderten gestanden haben? Neun Meter breit zur Gassenseite und 47 Meter tief bis zur Parallelgasse hindurchgehend, mit einem geräumigen Innenhof, der Linde und dem Brunnen. Hat Danzig nicht viele Gesichter? Wurden nicht allein im Jahr 1734, als Danzig dem Gegenspieler Augusts III., dem flüchtenden König von Polen, Stanislaus Lesczynski monatelang in seinen sichern Mauern Schutz bot, bei der Belagerung nach einem Bombardement von 62 Tagen 1800 Häuser der Innenstadt zerstört? Und als Napoleon mit seinen Armeen 1807 vor Danzig stand, gingen noch einmal soviel Gebäude in Flammen auf. Und dennoch hat Danzig über alle Zeiten hinweg sein Gesicht in den vielen Gesichtern, die aus dem Dunkel der Geschichte auftauchten und wieder verschwanden, bewahren können. So meine ich, kann man auch heute wieder die rätselhafte Macht einer wahren, stadtgestaltenden Baukunst nachempfinden und ahnen, welchen Grad von Geborgenheit und Lebensbewältigung sie vermitteln konnte.

Ein erster Blick

Die Fremden, die in den schönen Sommermonaten die Stadt Danzig besuchen, erleben sie zum ersten Mal, wenn sie vom Novotel auf der Speicherinsel (Spichlerze) den alten Hafenfluß, die Mottlau (Motława), auf der Grünen Brücke überqueren. Vor dem Auge eröffnet sich eines der bekanntesten Panoramen der Stadt. Es ist der Blick auf die Lange Brücke (Długie Pobrzeze) mit den Wassertoren und dem hohen, vorgekragten Dachgiebel des weltbekannten Krantores. Die Besucher müssen noch den einst so malerischen Blick auf die gegenüberliegende Seite des Flusses entbehren, auf die Speicher, die zum größeren Teil noch nicht wiederaufgebaut sind. Dafür entschädigen sie der stattliche Renaissancebau des Königlichen Speichers (Spichrz Królewski) und drei weiterer Zeugen des alten, hansischen Danzig auf der Bleihofinsel (Ołowianka), direkt gegenüber dem Krantor.

Danzigs Hauptplatz

Der Weg in die Stadt führt dann durch eines der Portale des Grünen Tores auf den Langen Markt (Długi Targ), den Hauptplatz der Stadt, der sich wie in alten Zeiten wieder in seinem Festgewand zeigt.
Danzigs Hauptplatz, der «Lange Markt», ist nur in seiner Ausdehnung der weltberühmten Piazza San Marco in Venedig zu vergleichen, nicht dagegen in der Öffnung zur Wasserseite und dem Hintergrund von pompösen Fassaden der Paläste und der Kathedrale. Im Gegenteil. Die Geschlossenheit des Langen Marktes zu Danzig, der gleichsam eingerahmt wird an bei-

5 *Die Langgasse vom Westen aus gesehen. In den leichtgeschwungenen Häuserzeilen erscheint der Rathausturm als Mittelpunkt der Gasse. Dahinter Giebel vom «Grünen Tor».*

den Längsseiten von der Fülle abwechslungsreicher Architektur farbiger, hochstrebender, schmaler Giebelhäuser, erweckt eher den Eindruck eines Raumes, dessen Decke das Himmelsgewölbe ist. Die Stirnseite im Osten wird eher geöffnet als abgeschlossen von dem vierbögigen Wassertor zur Flußseite, dessen schöne Renaissancegiebel denen der Bürgerhäuser entsprechen. Von hier aus weitet sich der Platz wie ein Fächer bis zur Westseite aus, die begrenzt wird vom gotischen Ostflügel des Rathauses, der Einmündung in den leichten Bogen der Langgasse und dem alten Laubengang der Eckhäuser, die von der Langgasse in die Matzkausche Gasse (Ławnicza) führen.

Die unterschiedliche Breite der beiden Stirnseiten gliedert den Prospekt harmonisch auf. Eigentlich sind es zwei verschieden große Plätze, die hier miteinander verbunden sind. Die Ungleichheit des Bildes wird ausgeglichen von den Beischlägen, die den Häusern der Südseite und einem Teil der Nordseite vorgelagert sind.

Die großen Dimensionen des Platzes werden aufgehoben von dem Eindruck der Intimität, den dieses Forum ausstrahlt. Es ist der Platz der Festlichkeiten und Gerichtsstätte, Empfangssaal der Stadt und Ausdruck ihrer Gastlichkeit, die von den Vortreppen vor den Häusern ausgeht. Sie laden zum Eintreten geradezu ein, um den Gast der sprichwörtlichen Gastlichkeit der Danziger teilhaftig werden zu lassen.

Danzigs Anfänge

Hier sind nach neueren archäologischen Erkenntnissen bereits vor mehr als tausendzweihundert Jahren slawische Siedlungen nachweisbar. Auf diesem Grund und Boden entwickelte sich mit einer lübischen Kaufmannssiedlung am Kreuzungspunkt wichtiger Binnenhandelswege die «civitas» als deutschsprachige Stadt, für die schon 1227 ein Schulze eingesetzt wurde. Die andere, pomoranische Siedlung, war am Mottlaubogen kurz vor der Einmündung in den Weichselstrom als Burgflecken im 10. Jahrhundert entstanden auf dem Gelände der Altstadt, dem «castrum», der pomoranischen Burg mit einer Fischer- und Handwerkersiedlung. Hier bildete sich eine «Nikolaigemeinde» deutscher Kaufleute um die von dem pomerellischen Fürsten Subislaus gestiftete Kaufmannskirche, der ersten Nikolaikapelle. Danzigs Frühgeschichte müßte neu geschrieben werden. Wir stehen auf dem Langen Markt also auf einem historischen Grund, der mit dem Bau eines ersten deutschrechtlichen Rathauses und eines Kaufhauses, dem Palladium, zur Keimzelle der Stadt Danzig wurde. Die mit den deutschen Kaufleuten und See- und Schiffszimmerleuten von Lübeck hierher gesegelten Koggen nahmen jetzt den Fernhandel mit dem westeuropäischen Wirtschaftsraum auf und führten die Stadt in wenigen Jahrzehnten auf einen ersten Gipfel ihrer Geschichte zum «Stern des baltischen Meeres».

Grünes Tor – Das Brückenpalais

Das Grüne Tor schließt den Langen Markt als ein Torgebäude im Osten ab und öffnet ihn zugleich zur Wasserseite des Mottlauflusses. Hier residierte einst das Staatliche Museum für Naturkunde und Vorgeschichte als Domizil der naturgeschichtlichen Sammlungen. Der Baukörper wurde 1568 von dem Dresdner Baumeister Hans Kramer vollendet. Er war als ein Brückenpalais gedacht, das den polnischen Königen bei ihren Huldigungsbesuchen als königliches Quartier dienen sollte. Die Stadt hatte sich, als sie ihre Souveränität unter die Krone Polens stellte, verpflichtet, dem König ein Palais zu errichten. Erst nach hundert Jahren kam es dazu mit dem «Grünen Tor», als die zukünftige Königin Polens, Maria Ludovica Gonzaga, auf dem Weg von Paris nach Warschau in Danzig Einzug hielt. Aber die illustren Gäste haben es nicht angenommen und es vorgezogen, in der luxuriösen Behaglichkeit der Patrizierhäuser zu residieren. Das Torgebäude hatte ursprünglich drei Durchgänge, ein vierter ist zu preußischer Zeit hinzugekommen. Den Bogen schmückt das Hohenzollernwappen. Ein Südflügel verleiht ihm das palaisartige Aussehen. Die prächtigen Renaissancegiebel erinnern an das von Anthony van Obbergen auf dem Kohlenmarkt (Targ Węglowy) errichtete Zeughaus (Zbrojownia). Das Palais wurde als Empfangs- und Festsaal genutzt, bis das Naturkundemuseum in seine lichten Hallen mit den naturgeschichtlichen Sammlungen einzog. Es ist das größte und schönste der vielen Danziger Torgebäude, von dem aus man nach Osten auf Mottlau und Speicherinsel blicken kann, während der Blick in die entgegengesetzte Richtung nach Westen auf die weite Fläche des Langen Marktes führt. Im Torbogen stehend, erblickt man eines der schönsten Stadtpanoramen, ein beliebtes Fotomotiv der Touristen: den Artushof, flankiert von den Türmen des Rechtstädtischen Rathauses und zugleich überragt von denen der Marienkirche im Hintergrund. Heute ist es das Domizil der konservatorischen Denkmalpflege.

Die Löwen wachen

Die Danziger Wappentiere sind zwei Löwen. Im Gegensatz zu den Preußen, Polen oder Pommern hielten es die Danziger lieber mit dem König der Tiere auf der Erde als mit dem König der Lüfte.
So setzten sie ihn, nicht nur als Wappenhalter, gleich zweimal in ihren Schild, benannten nach ihm ein Patrizierhaus in der Langgasse und stellten am Portal des Rathauses ihre Löwen, das Haupt zum Langgasser Tor gerichtet, als Symbol ihrer eigenen Macht für alle Herrscher der Völker auf, welche auf ihrem Weg durch die Langgasse zum Langen Markt hier vorbeizuziehen die Ehre hatten. Auf dem Langen Markt indessen, vor der Freitreppe, die zum Artushof führt, flankieren zwei weitere Wappentiere die Besucher des Artushofes, um ihnen noch einmal nachdrücklich die Würde und zugleich die Wache, die sie hier umgibt, ins Gedächtnis zu rufen.
Aber diese den Artushofaufgang schmückenden Löwen sind eigentlich entliehen. Sie waren einst die Zierde des alten Jakobstores, der Stadtöffnung in Richtung Oliva, dessen Außenfassade heute noch an der Rückseite der Peinkammer (Kątownia), zwischen dem Stockturm (Wieża Więzienna) und dem Hohen Tor (Brama Wyżynna), erhalten geblieben ist.
Unter den figürlichen Themen der künstlerischen Darstellungen kretischer Gemmen und Siegel findet sich immer wieder das Motiv des berühmten Löwentores von Mykene. Peter Bamm zählt in seinem Buch «An den Küsten des Lichts» die mykenischen Löwen zu den frühesten Denkmälern der abendländischen Kunst. Wie diese Tiersymbole, so haben auch die heiligen Löwen von Delos sehr wahrscheinlich dem Danziger Wappen als Vorbild dieser antiken Symbole gedient. Löwenhäupter wurden auch als Wasserspeier an den Beischlägen der Danziger Häuser bevorzugt.

6 Artushof. Der schönste der in Europa erhaltenen Artushöfe (1478–1481). Davor der Neptunsbrunnen, mit Skulpturen von Abraham von dem Block, am Langen Markt.

7 Einer der malerischen Blicke auf den ▷ Langen Markt mit Rechtstädtischem Rathaus und Langgasse aus dem südlichen Durchgang des Grünen Tores.

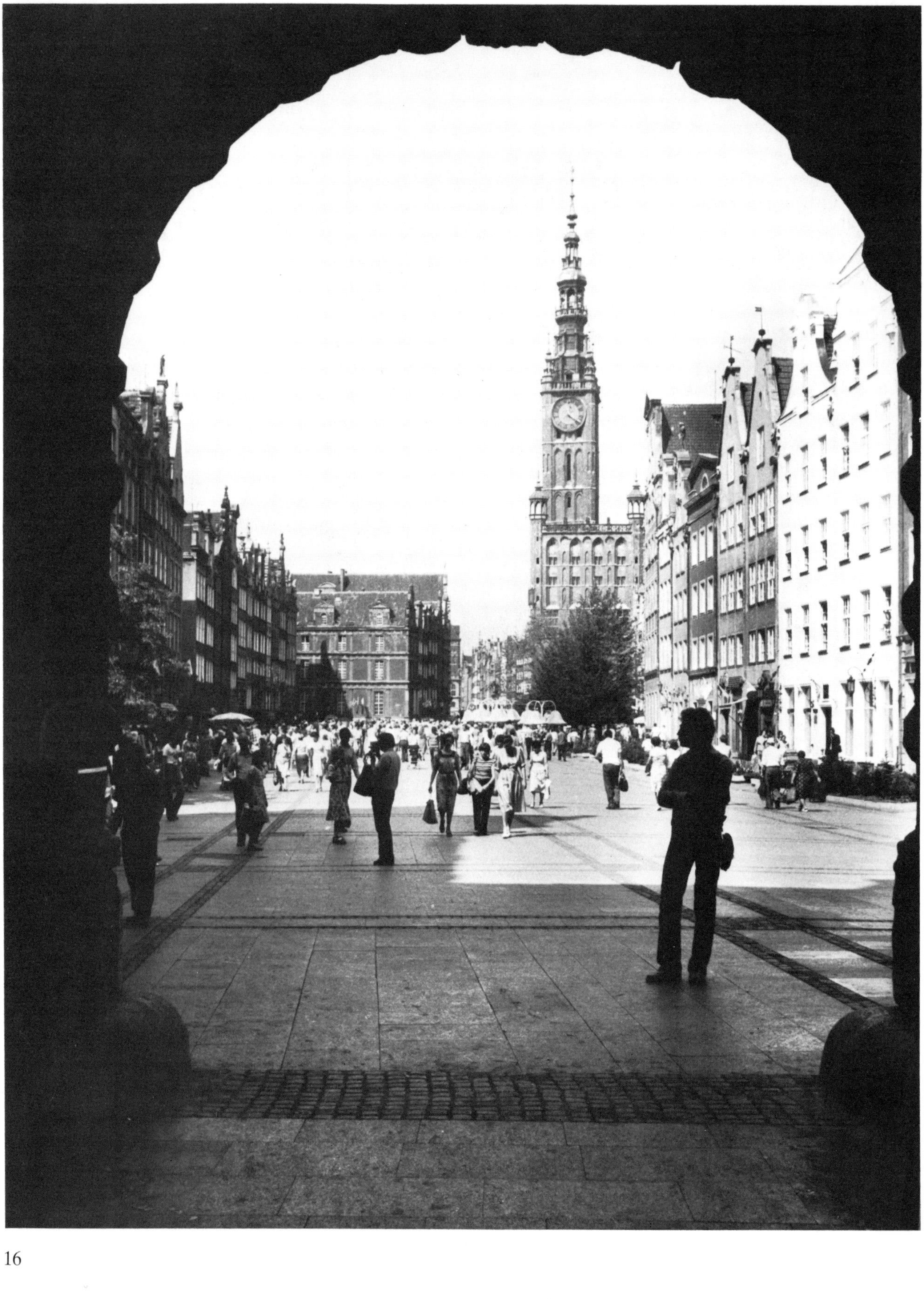

8 *Abendliche Silhouette der Rechtstadt am Mottlaukai mit den Türmen des Englischen Hauses, des Renaissancebaus der Naturforschenden Gesellschaft, dem Rathausturm und den Türmen von St. Marien.*

9 *Die Königliche Kapelle in der Heiligengeistgasse mit nördlichem Querschiff von St. Marien. Die einzige Barockkirche der Rechtstadt.*

10 Panorama am alten Hafenfluß, der Mottlau. Lange Brücke mit Krantor und Archäologischem Museum im Frauentor. Gegenüber Renaissance-Speicher (links der Königsspeicher) auf der Bleihofinsel.

11 Blick vom Marienturm auf das Rathaus und rekonstruierte Gassen. Im Hintergrund neuerrichtete Speicher der Speicherinsel.

12 *Am Strand von Heubude anbrandende Ostsee.*

13 *Eine sehr seltene Perspektive. Danzig vom Hochhaus des Heveliushotels aus gesehen.*

14 Das «Steffenshaus» an der Nordseite des Langen Marktes. Fassade 1609–1617. Attika mit Figuren der griechischem Mythologie. Die Rekonstruktion wird wegen der vergoldeten Fassade heute «Goldenes Haus» genannt.

15 Wasserspeiender Neptun vor dem Artushof.

16 Portal des Großen Zeughauses zur Passage vom Kohlenmarkt, mit Löwenwappen.

17 Nordwestlicher Prospekt des Langen Marktes mit der Attika des Rechtstädtischen Rathauses und dem die Häuser zur Großen Krämergasse überragenden Glockenturm von St. Marien.

18 Blick vom Hochhaus des Heveliushotels auf die Stadt von Osten. Im Vordergrund Brigitten- und Katharinenkirche in der Altstadt.

19 Ein einzigartiger Blick vom Hochhaus des Heveliushotels auf rekonstruierte Gassen der Altstadt. Im Vordergrund die Tischlergasse. Von den Kriegszerstörungen ausgenommen blieb nur der weiße Kubus eines Luftschutzbunkers, der selbst heute noch wie ein Fremdkörper wirkt. Im Hintergrund der Glockenturm von St. Johann und «Punkthäuser», neue Wohnbauten in der zerstörten Vor- und Niederstadt.

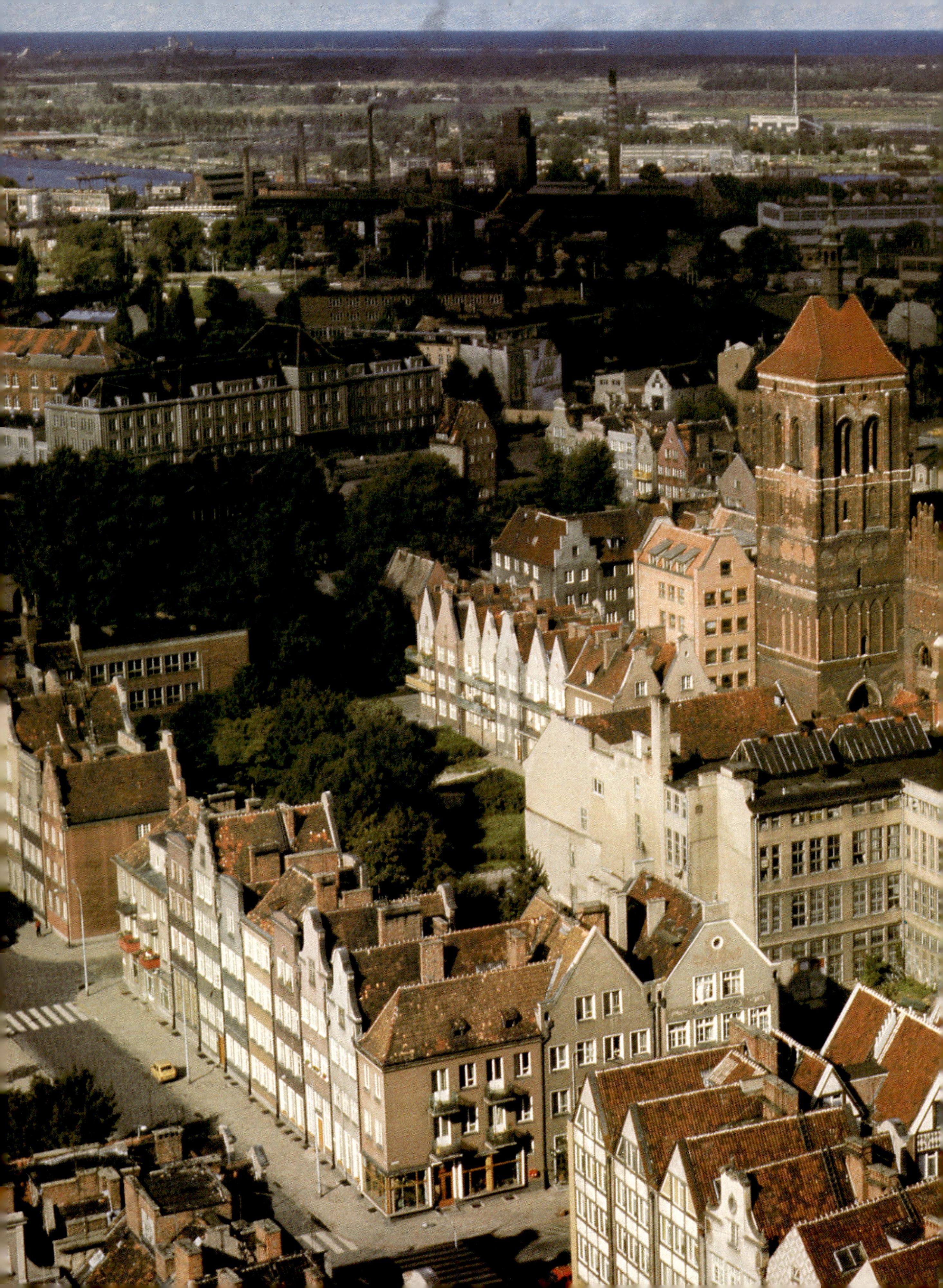

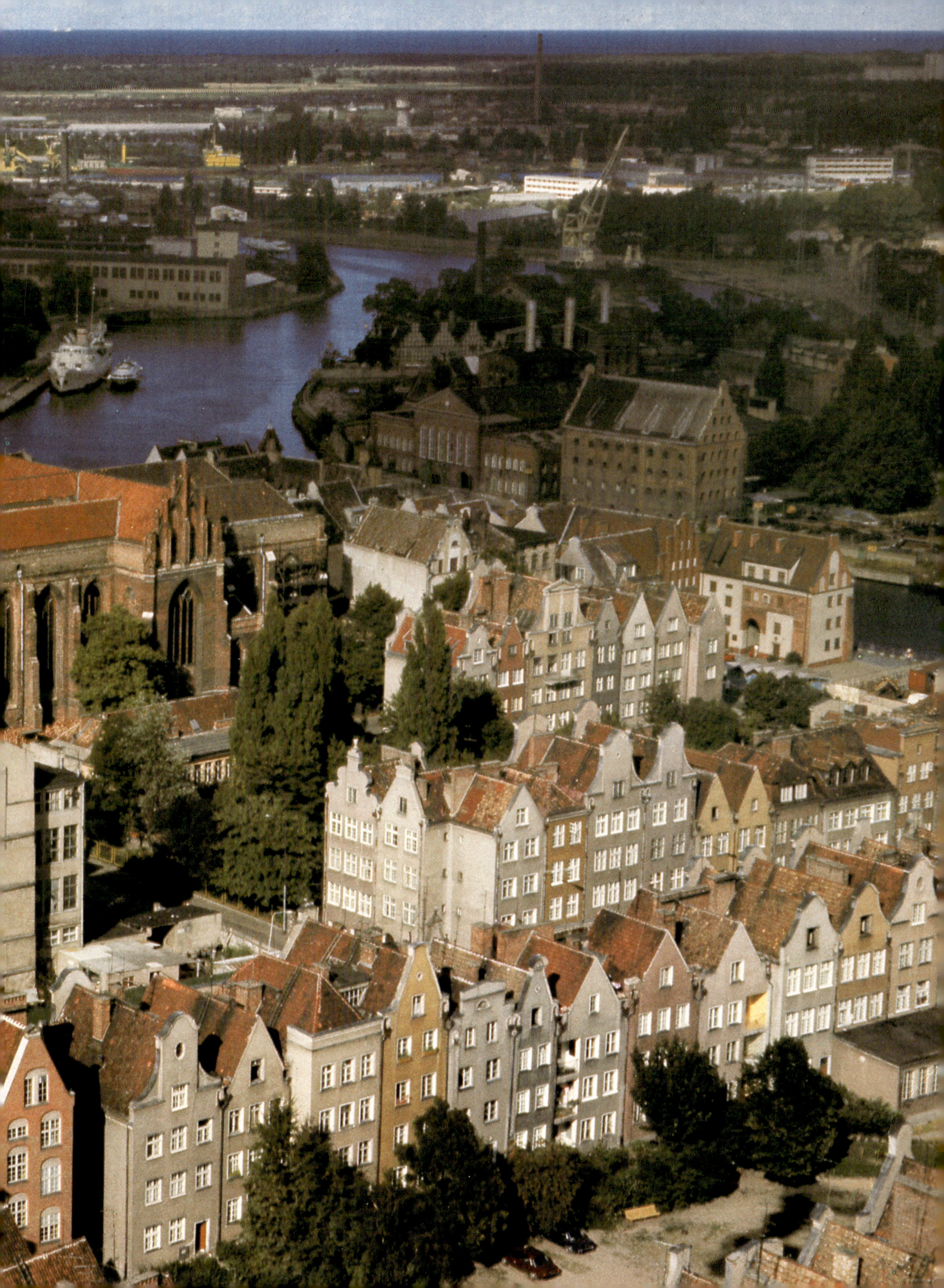

21 *Mottlaupartie bei Groß Walddorf.*

◁ 20 *Durch ein Guckloch des bedeckten Wolkenhimmels über der Stadt wirft die Sonne ihr gleißendes Licht auf St. Johann und die rekonstruierten Giebelhäuser, deren Verkürzung und dazwischenliegende Grünflächen deutlich erkennbar sind. Am oberen Bildrand sind die Mottlau in der Mitte, die Weichsel am linken oberen Bildrand und das dunkelblaue Band der nur wenige Kilometer von der Stadtmitte entfernten Ostsee zu sehen.*

22 *Die Petrikirche in der Vorstadt (St. Peter und Paul). Seit 1385 war sie die Kirche der Schiffszimmerleute der Werft «Lastadie». Später diente sie als Kirche der Calvinisten und Hugenotten.*

Der Artushof

Das ursprüngliche Aussehen des Artushofes ist auf alten Gemälden zu erkennen. Das gilt für die zum Langen Markt zugewandte Fassade, nicht jedoch für die in gotischer Strenge und Würde erhalten gebliebene Nordseite zur Brotbänkengasse. Der Raum ist mit seinen hohen Gewölben lichtdurchflutet, weil die hohen Spitzbogenfenster nach Norden und Süden eine Überfülle von Licht spenden. Getragen wird das Gewölbe, das dem Remter einer Ritterordensburg gleicht, von vier schlanken Granitsäulen, die dem Raum eine unnachahmliche Eleganz verleihen. Die Ausstattung wurde im 16. und 17. Jahrhundert mit künstlerischer Ausgewogenheit eingerichtet, entbehrt oft aber nicht der Übertreibung des Geschmacks, über den man nach römischer Tradition bekanntlich nicht streiten sollte (wenn Hirschgeweihe aus Gemälden, die eine ganze Wand bedecken, heraustraten, ist das zwar sehr originell und mit der Verbindung weiterer Plastiken für den fremden Besucher recht eindrucksvoll). Die hölzerne Wandbekleidung im Artushof endet halbhoch in einem geschnitzten und bemalten Fries und bildet den Übergang zu den Halbrundbildern und den darüber ausgemalten, in spitzbögigem Zenit auslaufenden Bogenfeldern, die die Hauptgemälde der Festhalle umgeben. Von der Decke hingen vier Schiffsmodelle herab, der Danziger Zweidecker Mars mit 52 Geschützen, der Dreimaster St. Jakob mit 36 Geschützen, ein kleineres Kriegsschiff und eine Feluke. Außerdem ein großer Kronleuchter und alte Fahnen. Unter einer Flagge, der Gösch des Kreuzers «Danzig», befand sich ein Marmorstandbild Augusts III.

Die Portalfassade

Die gotische Festhalle wurde, nachdem ihre hölzerne Vorgängerin 1476 durch eine Feuersbrunst zerstört worden war, in den Jahren 1477 bis 1481 in Stein wiederaufgebaut. Die Südseite erlebte zwei Umbauten, zuletzt 1610 von Abraham von dem Block, der dieser Eingangsfront die noch heute vorherrschende Gestalt des Renaissancestils gab. Den First krönt wieder die allegorische Statue des Reichtums, die Dame Abundantia. In den Nischen der Attika, über den drei spitzbögigen Hallenfenstern, stellte man die Figuren der Gerechtigkeit, Justitia, und der Stärke, Robur, als weitere Symbole des urbanen Selbstbewußtseins auf, während man auf die Kragsteine, zwischen den Fenstern des Artushofes, vier Standbilder setzte, davon drei Feldherren, den Griechen Themistokles, der die Perser bei Salamis besiegte, Scipio Africanus, der Hasdrubal und Hannibal schlug, den jüdischen Feldherrn Judas Makkabäus und – als Ausgleich gegen soviel Kriegshelden – den Heiligen Kamillus.

Im Renaissancestil wurde dem schönen Gebäude zudem noch ein neues Eingangsportal vorgesetzt. Die Beischläge wurden erst von 1651 bis 1686 errichtet. Ihre mit Reliefs geschmückten Sandsteinplatten stammen von den Beischlägen anderer Häuser. Das Dach des torartigen Eingangs zum Ratsweinkeller schließt die zierliche Nachbildung eines Merkurs, des Gottes der Kaufleute, ab.

Bruderschaften

Die Freude an der Ornamentik und Skulptur war schon im mittelalterlichen Danzig stark ausgeprägt. Holzbildhauer wie Simon Herle, Meister Adrian und Meister Paul fanden in der ersten Hälfte des 16. Jahrhunderts in Danzig in der künstlerischen Ausschmückung der großen sakralen und profanen Gebäude ein weites Betätigungsfeld. Es war die Zeit des Übergangs von der filigranen, emporstrebenden Spätgotik zu den überquellenden Formen und dem Bilderreichtum der Renaissance.

Im Artushof, dem Prunksaal der Stadt, bildeten die Patrizier eigene Artusbrüderschaften und richteten für den geselligen Zweck ihres Zusammenschlusses, zu Zechgelagen, Tanz und Turnieren, innerhalb ihrer Banken auch die Ausstattung des Raumes aus.

Zuerst begann damit die Reinholdsbank um 1531. Die Christopher- oder Lübecker Bank schloß sich 1534 an. Während Meister Adrian Karffycz zuerst die Schnitzarbeiten aufnahm und die Kapitelle an den Pilastern des Wandpaneels der Reinholdsbank verzierte, übernahm Meister Paul die Arbeiten an der Lübischen Bank. Die Verzierungen der Kapitelle an den Pilastern der Wandverkleidung, reizvolle Füllungen mit Vogelmotiven, die Figuren von vier Königen, ein römischer Triumphzug und die Wappen von Lübeck und Danzig sind in der Franzosenzeit von 1807 bis 1813 abhanden gekommen. Meister Paul verlieh der Holztäfelung charakteristische Porträts von erstaunlicher Ausdruckskraft in der Mimik der Gesichter beider Geschlechter der verschiedensten Lebensalter. Individuelle Porträts, welche die Charaktereigenschaften der abgebildeten Person hervorhoben, karikierten und persiflierten: Stolz und Narrheit, Klugheit und Einfalt, Schalk und Verwunderung, Zärtlichkeit oder Strenge. Im ganzen waren es bei der Reinholds- und Christopherbank 37 Köpfe, umgeben von Rankenwerk, das in phantastischen Tierdarstellungen ausläuft. Diese Schnitzereien gehörten zu den schönsten Kunstwerken des Hofes. Sie sind dank ihrer Auslagerung im Zweiten Weltkrieg erhalten geblieben, wie die ebenfalls geretteten Friese, Gemälde und Skulpturen, außer den Wandgemälden und dem zerstörten Kachelofen.

Interieurs

Die Skulpturen des heiligen Reinhold von Adrian Karffycz und des heiligen Christopher von Meister Paul standen vor dem Gemälde der Dreieinigkeit, der Erschaffung Evas und des Sündenfalls. Von dem Maler Martin Schoninck stammen die Gemälde der Belagerung der Marienburg von 1460 und der Geschichte von Judith und Holofernes. Der berühmte Kachelofen von Georg Stelzener war wohl die populärste Dekoration des Hofes mit seiner Höhe von mehr als elf Metern und einem turmartigen, sich nach oben verjüngenden Aufbau.

Der Maler Lucas Ewert entwarf einen Fries mit dem Triumphzug König Kasimirs IV. nach dem Fall der Marienburg.

Die bedeutenden Danziger Maler um die Wende zum 17. Jahrhundert gestalteten mit zwei Wandgemälden die schönsten Werke der Malerei, die der Artushof aufweisen konnte. Vredeman de Vries schuf für die Rats- und Schöffenbank ein Bild des Orpheus, der mit seinem Saitenspiel wilde Tiere zähmt.

Ein weiteres weltgeschichtliches Thema, das sicherlich von Memlings in der Marienkirche aufgestellten Dreiflügelaltar «Das Jüngste Gericht» inspiriert wurde, nahm der «Maler von Danzig», Anton Möller, auf und schuf auf der Ostwand, an der Stelle des früheren Schöffengerichts, sein «Weltgericht» mit der Höllenfahrt der Verdammten und der Errettung der Erlösten. Der Maler stellt die «Weltlust» in die Mitte des Bildes, zu deren Füßen eine Nackte von einem Hirsch getragen wird, dessen Geweih – wie könnte es anders sein – wiederum natürlich aus dem Tableau des Wandgemäldes plastisch hervorragt. Den Bezug zur Stadt Danzig stellt der Maler mit einem von einem Engel vor dem Abgrund der Hölle bewahrten Boot dar, besetzt mit Ratsherren und einem die Palette haltenden Maler in ihrer Mitte, ein Selbstporträt unseres Meisters. Mit einer angedeuteten Stadtvedute erweist er der Stadt seines Künstlerruhms, Danzig, auch auf diesem Bild seine Dankbarkeit.

Inschriften im Artushof

Im Innern des Artushofes befand sich über dem Platz der Schöffen Anton Möllers «Weltgericht», das mit dem Brand im März 1945 zerstört wurde. Im Bild unten zwei Spruchbänder. Rechter Teil:
«Falsch Eid, bös Gewicht, unrecht Maß
Gehen zur Hell die breite Straß
Sunde, Banckorut, gestolen Gut
Fuhren auch zu der Hölle Glut».
Im Fries darunter wurde die Hälfte des Bildes durch eine Inschrifttafel ausgefüllt:
Diesen unteren Teil des Gemäldes vernichtete eine Bombe im Jahre 1807, den 24. April, morgens 4 Uhr.
Die nächste große Inschrift in fünfmal vier Hexametern bringt aus Ovids Verwandlungen, Buch III, Vers 161 bis 250, die Geschichte von Diana und Aktäon als Erklärung zu dem großen Wandbild. Von den Bildern des Meisters Martin Schoninck zeigen die beiden mittleren Lagerszenen, das linke davon zeigt Judith und Holofernes, darunter in drei Versen:
«Lerne alhier zu flüchten in der Noth
Durch Reu und Gebet allein zu Gott,
Als Fraue Judit hat gethan.
Holofern aber zeige an,
Das Unrecht, Pracht und Übermuth
Gott allzeit hasst und stürzen thut.»
Das rechte zeigt die Belagerung der Marienburg:
«Als man zählt 1460 Jahr
Casimirus König von Polen war
Marienburg Schlos und Stadt so fest
Starck belagert mit viel der Gäst.
Doch nicht lang, in kurtzer Zeit
Dantzker machts ein End am Streit.»
Im Fries über der Reinholdsbank war ein Römerzug dargestellt, der seit dem Anfang des 19. Jahrhunderts verschwunden ist.
Dort im Halbrund befand sich auch eine Siegestafel für Kaiser Karl V. mit einer lateinischen Inschrift, die in deutscher Übersetzung lautete:
«Dem hehren Kaiser Karl V. unbesiegt, fromm, glücklich, immer erhaben, setzten wegen seiner, in geringer Zeit erfochtenen, herrlichen Siege, des Glückes Kraft in allem Sterblichen bewundernd, die Reinholdsbrüder diese Tafel.»
Karl kämpfte mit großem Glück gegen Franzosen und Türken. Auf den Simsen der beiden Wandvorsprünge rechts vom Haupteingang

befanden sich die Statuetten von vier polnischen Königen. Plümicke, in seinem «Unterhaltungsblatt an der Weichsel und Ostsee», nennt sie: Ladislaus, Alexander, Sigismund und Johann Albert. In den Wandvorsprüngen der Wand links sah man die Statuetten der Tugenden. Auf dem übrigen Teil des Gesimses an der Reinholdsbank waren sieben Statuetten, die Planeten, verteilt: Sol, Luna, Merkurius, Venus, Jupiter, Mars und Saturnus.

Ein «Ensemble für alte Musik»

Der Danziger Artushof wurde 1593 mit einer Musikempore an der Nordwand ausgestattet, aber die Vokal- und Instrumentalmusik wurde schon in früheren Zeiten besonders auch im Artushof gepflegt. Paul Simson, der «Danziger Historiker», beschreibt das frühe Musikleben im Artushof in seiner dreibändigen «Geschichte der Stadt Danzig» so: «Neben den Danzigern, die allabendlich zu Trunk und Unterhaltung den Artushof besuchten, fanden sich viele Fremde ein, Geschäftsfreunde der Brüder aus deutschen Städten und aus dem Auslande, vornehme Herren aus Polen und anderen Ländern, Künstler und Gelehrte. Aus dem Kreis der Ratsmusiker kamen die ‹Hofpfeiffer›, auch ein Trompeterpaar wird für die Festveranstaltungen genannt.» Die Ratsmusiker bevorzugten Blechinstrumente wie Zinken oder Posaunen. Später fanden Konzerte im Artushof statt, über die 1637 der Danziger Komponist und Organist Paul Siefert berichtet. Paul Siefert wurde 1586 in Danzig geboren. Er erhielt seine Ausbildung in Amsterdam und war zuletzt Organist an der Großen Orgel der Danziger Marienkirche.

Das «Danziger Ensemble für alte Musik» brachte auf einer Konzertreise im Jahr 1984 in Karlsruhe Ausschnitte aus der reichen Musikgeschichte Danzigs. Unter den Danziger Meistern wurde dabei auch Paul Siefert mit dem Psalm 53 «Mens Domino» präsent – eine gedankliche Verbindung mit Danzig und seinem Artushof.

Aus Trümmern geborgen

Im ausgebrannten Artushof mußten 1946 die eingestürzten Gewölbe und die vier schlanken, das Gewölbe tragenden Granitpfeiler ersetzt werden. Um den Abbruch des Gebäudes zu verhindern, wurden die Reste des vielrippigen Sterngewölbes mit sogenannten Stempeln abgestützt, die durch Brand und Beschießung gesprungenen Pfeiler entfernt und durch neue, das gesamte Gewölbe tragende ersetzt. Der besondere Eindruck vollendeter innenarchitektonischer Harmonie wird dadurch hervorgerufen, daß die Pfeiler fächerartig in die gerippten Gewölbe ausstrahlen. Das Innere des Artushofes war durch Feuer und Hitzeeinwirkung fast völlig verwüstet. Von den Wandgemälden ist keine Spur geblieben. Aber unter dem verkohlten Putz haben die Restauratoren, wie auch in der Sommerratsstube des Rathauses, ältere Fresken entdeckt, die jahrhundertelang unter den um 1600 angefertigten Malereien bestanden. Einige der schönsten Skulpturen, «Ritter Georg als Drachentöter», und die Figur des heiligen Christopherus mit dem die Weltkugel in der Hand haltenden Christuskind, entgingen wie durch ein Wunder den Flammen. Auch einige Fragmente der berühmten Holztäfelung mit den geschnitzten Gesichtern der alten Danziger und einige Gemälde wurden gerettet. Der Kachelofen, der zu den bekanntesten Stücken der Inneneinrichtung gehörte, ist nur noch in Gestalt einiger aus dem Schutt geborgener Kacheln in Erinnerung, die im Stadtmuseum in der Fleischergasse zu sehen sind.

Vision

Der Danziger Maler Theo Urtnowski hat vor dem Zweiten Weltkrieg den Langen Markt im Akkord von Hakenkreuzfahnen gemalt. Der große Platz und die ihn säumenden Gebäude sind auf dem Gemälde über und über von den roten Bannern und Standarten bedeckt. Man könnte meinen, vor einem Flammenmeer zu stehen, so glühend und die ganze Bildfläche beherrschend sind die Farben Rot in Rot aufgetragen. Ich habe das Bild erst nach dem Krieg entdeckt, nachdem sich die vielleicht geschaute Vision des Malers in schrecklicher Realität bestätigt hatte. Vielleicht aber war es auch, in der Euphorie zu jener Zeit, als zu festlichen Anlässen die ganze Stadt aus allen Fenstern beflaggt war, als eine Ovation an die autoritäre

Herrschaft des Nationalsozialismus gedacht. Ich erinnere mich noch anderer Bilder von großen Aufmärschen aller Parteigliederungen, einschließlich Jungvolk und Hitlerjugend auf der weiten Fläche des Langen Marktes, der von den braunen Uniformen wie überschwemmt schien.

Auf den Stufen des Artushofes hielt Gauleiter Albert Forster schon vor der «Machtergreifung» seine demagogischen Ansprachen vor kleineren Grüppchen von Zuhörern. Als nach dem Polenfeldzug Hitler Danzig besuchte, brandete ihm ein frenetischer Jubel entgegen. Die Langgasse war wie zum Empfang eines Triumphators in ihrer ganzen Länge mit flatternden Fahnen versehen, mit Spruchbändern und Pylonen. Die historische Stätte des Artushofes war der Ort des Empfanges. Aber nicht der Mythos Historie erfüllte sich hier, sondern Untergang und Selbstzerstörung. Zeuge dieser historischen Szenen der jüngsten Geschichte waren der Lange Markt und der Artushof. Hier brach wenige Jahre später die Apokalypse in ihrer ganzen Schrecklichkeit herein. Nach einer Rede Forsters habe ich in mein Tagebuch eingetragen: «Heute, 30. 11. 1938, sprach Forster zu uns. Ich weiß nicht, wie alles werden wird, aber ich glaube, es wird nicht gut enden!»

Der neue Rathausturm

Der Wiederaufbau des Rechtstädtischen Rathauses hat vierundzwanzig Jahre in Anspruch genommen. Der bis zur Aussichtsplattform 48 Meter hohe Turm wurde von dem von Dirk Daniels geschaffenen Helm gekrönt, der noch einmal eine Höhe von 34 Meter hat. Die mit Holz verkleidete neue Stahlkonstruktion ist wieder mit einem Kupferdach bedeckt und spiegelt in meisterlicher Vollendung die frühere Gestalt wider. Die neuen Glocken vom Turm der früheren Jugendherberge auf dem Bischofsberg (Biskupia Gorka) läuten jetzt hier. Es ist eine elektronische Anlage, die nicht mehr die alten Kirchenchoräle spielt, sondern die ersten Takte der «Rota». Zu den traditionellen Danziger Dominikstagen, die jedes Jahr vom 1. bis zum 13. August gefeiert werden, wird das kleine Glockenspiel durch eine elektronische Orgel ergänzt. Die Stundenglocke hing früher in dem Glockenturm der Johanniskirche (Kościół Św. Jana). Von den siebzehn alten Glocken konnten nur zwei wiederverwendet werden. Sie tragen lateinische Inschriften. Die von Johannes Moor aus Herzogenbusch im Jahr 1560 gegossene lautet: «Die Zeit hält alles, und in ihren Zeiträumen gehen vorüber die Dinge des Weltalls unter dem Himmel». Auch an den zerborstenen Glocken des Glockengestühls vom Turm des Rechtstädtischen Rathauses sind exorbitanter, als man es wahrhaben möchte, die Dinge des Weltalls unter dem Himmel vorübergegangen. Die Sonnenuhr an der Außenseite trägt im Sockel des Ecktürmchens am oberen Rand die Inschrift: «Umbra sunt dies nostri» (Schatten sind unsere Tage).

Schale der Freiheit

Schale der Danziger Freiheit wurde einst das Rechtstädtische Rathaus genannt. Nach der Verfassung der Stadtrepublik trug der Erste Bürgermeister die Amtsbezeichnung Präsident, der Zweite die eines Vizepräsidenten. Mit zwei weiteren Bürgermeistern stellten sie sich jedes Jahr zur Wahl. Die Verfassung hieß «Danziger Willkür» und galt vom Ende der Ordensherrschaft 1454 bis zur Zweiten polnischen Teilung, 1793. Sie bestand aus drei Ordnungen: Dem Rat mit den vier Bürgermeistern und vierzehn Ratsherren (als der ausführenden), dem Schöppengericht, deren Mitglieder der Rat aus den Reihen der Bürgerschaft wählte (als der rechtsprechenden) und der von der Bürgerschaft direkt gewählten Dritten Ordnung der «Hundert Männer» (der gesetzgebenden Gewalt). Im Danziger Staatsarchiv ist das Blatt der ältesten Willkür aufbewahrt, aus dem hervorgeht, daß die Gesetzessprache Deutsch war.

Auch die Schöffenbücher vom 15. bis zum 18. Jahrhundert in 208 auf Pergament geschriebenen Folianten, erweisen Deutsch als Gerichtssprache. Das gleiche gilt für die im Archiv erhaltenen Bürgerbücher mit den Eintragungen der Namen in die Bürgerlisten. Das Bürgerrecht war von der Beherrschung der deutschen Sprache abhängig. Der Erwerb dieses Rechts war zugleich an die Waffenpflicht gebunden. Danzig hatte außer einer eigenen Münzhoheit auch eine eigene Wehrhoheit. Selbst mit seinem weltlichen Oberherrn, dem polnischen König, verkehrte der Rat in deutscher oder lateinischer Sprache, wie es sich aus den Urkunden und hoheitlichen Dokumenten aus den drei Jahrhunderten der Personalunion ergibt.

Ständische Demokratie wurde im Stadtstaat Danzig zweihundert Jahre vor Montesquieus Lehre von der Gewaltenteilung ausgeübt.

Eine der im Staatsarchiv befindlichen Urkunden ist der Neutralitätsvertrag, der 1630 in Tiegenhof zwischen Schweden und Danzig geschlossen wurde. Danzig verpflichtet sich darin, für keine der Mächte Kriegsschiffe auszurüsten oder in seinem Hafen aufzunehmen. Danzig hielt sich, obgleich es in Personalunion mit dem jeweiligen Monarchen des Königreichs Polen eng verbunden war, geschickt aus kriegerischen Konflikten heraus. Diplomatische Beziehungen spiegeln zahlreiche andere Dokumente wider, wie Handelsverträge mit der Königin Anna von England, mit Rußland oder mit dem Vatikan. Sie setzen eine eigenständige Außenpolitik voraus, die auch das Gesandtschaftsrecht einschließt, das Recht, selbständig eigene Gesandte zu ernennen und fremden Diplomaten Exterritorialität zu garantieren. Wie Preußen und England, so unterhielten auch andere europäische Mächte, wie Rußland, Frankreich, Spanien, die Niederlande, Dänemark und Schweden, Residenten und Konsuln in Danzig. Das Danziger Archiv umfaßt eine ganze Reihe von Beglaubigungsschreiben, welche die fremden Gesandten dem Danziger Rat in feierlicher Sitzung überreichten. Zum Beispiel eines der Königin Christina von Schweden, oder von Zar Alexander I. von Rußland, Heinrichs IV. von Frankreich, König Friedrichs III. von Dänemark oder Gustav Adolfs von Schweden, der Danzig die Botschaft seiner Thronbesteigung übermittelt und am 20. April 1612 einen Gesandten nach Danzig entsendet.

Das Rathaus als Museum

Seit der Vollendung des Wiederaufbaus im Jahre 1970 dient jetzt das Rathaus mit seinen historischen Räumen als ein Museum der Danziger Stadtgeschichte. Zu den kontinuierlichen Ausstellungen zählen eine Fotoschau «Danzig – Zerstörung und Wiederaufbau 1945-1970» von Prof. K. Lelewicz. Eine zweite Ausstellung «Danzig unter der Republik» versucht mit ältesten historischen Dokumenten eine geschichtliche Darstellung des gesellschaftlichen, wirtschaftlichen, kulturellen und wissenschaftlichen Lebens der Stadt wiederzugeben. Die dritte ständige Ausstellung ist dem Thema «Danziger Münzen» gewidmet. Daneben werden alternative Ausstellungen dargeboten über die Entwicklung des künstlerischen und wissenschaftlichen Schaffens der Stadt, des Kunsthandwerks oder aufschlußreicher Privatsammlungen. Auch finden hier feierliche Empfänge aus außerordentlichen Anlässen oder zu hohen Festtagen statt.

Das Gebäude des Rathauses, zu Anfang des 14. Jahrhunderts begonnen, ist zugleich der monumentale Mittelpunkt der Magistrale der Stadt zwischen dem Langen Markt und dem Langgasser Tor, die heute eine von Touristen belebte Fußgängerzone ist. Die beiden Außenfronten, zur Langgasse und zum Langen Markt gerichtet, sind in ihrer Gliederung so unterschiedlich wie die Gesichter eines Janushauptes, so daß man meinen könnte – je nach dem Standpunkt des Betrachters – vor zwei verschiedenen Bauten zu stehen. Über dem Eingangsportal, zu dem eine Freitreppe führt, halten die für Danzig charakteristischen Wappentiere, zwei Löwen, das Danziger Wappen mit der goldenen Krone über zwei weißen Kreuzen. Die Köpfe der beiden Wappenhalter sind in eine Richtung zum Langgasser Tor gerichtet,

23 *Detail des Rechtstädtischen Rathauses mit Sonnenuhr im Sockel des Eckstürmchens, gekrönt vom Löwenwappen, mit der Inschrift: «Umbra sunt dies nostri» (Schatten sind unsere Tage).*

24 *Wappenhaltender Löwe vor den Stufen zum Artushof. An der rechten Beischlagwange ist das Jahr der Rekonstruktion zu lesen. In der Bildmitte der Merkur auf dem Dächlein des Portals zum Ratsweinkeller.*

wo einst die Ritter von ihren Maispielen zurückkehrten oder die Könige feierlich ihren Einzug in die Stadt hielten.

Heute betreten wir das Rathaus nicht zuerst über die zum Eingangsportal hinaufführende Treppe, sondern gehen direkt von der Langgasse aus, links von der Treppe, in das Café «Pałowa». Das ist die alte Pfahlkammer neben der Waage, wo die Schiffszölle eingezogen wurden. Man sieht durch die vergitterten Fenster der alten Kasse auf das bunte Treiben des Langen Marktes und nimmt im Dämmerschein der Historie seinen Kaffee oder Drink ein, umgeben von altertümlichen Antiquitäten. Hier hingen einst die bekannten Gemälde des «Malers von Danzig», Anton Möller, von denen wir noch einigen begegnen werden, das «Zinsgroschenbildnis», das vom «Tempelbau» und «Sankt Petrus mit dem Fisch».

Königssymbole

In der Diele sind die Holzgalerie und eichene Wendeltreppe dem Eingangssaal zum Rathausinneren nachkonstruiert worden. Der Kriegsbrand hat auch hier vor den unschätzbaren Interieurs nicht haltgemacht, aber man glaubt es nicht, vor einer vollendeten Rekonstruktion zu stehen, so meisterlich ist es den Konservatoren und Kunsthandwerkern gelungen, die historische Atmosphäre wiederzugeben.

Die geschnitzte Eingangstür zum Roten Saal, der Sommerratsstube, wird von zwei männlichen Figuren eingefaßt, deren Leiber von Muscheln bedeckt sind und deren sich kreuzende Arme das Gesims tragen. Darüber schwebt das Löwenwappen unter ausgebreiteten Adlerflügeln.

Die Danziger fanden es, dem ihnen eigenen Symbolismus entsprechend, sinnvoll, Tor- und Türeingänge mit Wappen und Inschriften zu bedecken. Das gilt auch für die Fülle der Königssymbole und königlichen Zeichen, die über und über dieses Danziger Rathaus bedecken. Sie sind Zeichen der Verehrung des Monarchen, mit dem die Stadt sich persönlich verbunden

Der Rote Ratssaal

Die Ausstattung der Sommerratsstube wird bestimmt von einer Vielzahl von Gemälden, die an allen Wänden rundum und an der Decke den Saal zu einer Gemäldegalerie stilisieren. Den unteren Teil der Wände nehmen Bänke und Intarsienschränke sowie mit Schnitzereien versehene Simse ein. Der im Krieg verbrannte Teil dieser Wanddekorationen wurde in mühevoller Kleinarbeit durch kunstvolle Nachbildungen ersetzt. Die Konservierung dieses großen Ratsaals dauerte siebzehn Jahre. Spezialisten haben für die Restaurierung der schwierigsten Stücke, z. B. der vergoldeten geschnitzten Bilderrahmen der Deckengemälde für eine Fläche von einem Quadratzentimeter ein Arbeitspensum von sechs Stunden benötigt. Die Wandgemälde gliedern sich thematisch in sogenannte «Personifikationen» und «Tafeln». Von den ersteren sind nur sechs erhalten geblieben. Es sind die Darstellungen des «Leichtsinns», der «Verleumdung», der «Verzweiflung» und des «Scharfsinns». Zu beiden Seiten des Kamins, gegenüber des Eingangs, wurden die Themen der «Gefangenschaft» und der «Frömmigkeit» personifiziert.

Die Kompositionen der sogenannten «Tafeln» versinnbildlichen ethisch-moralische Themen: «Eintracht und Zwietracht», in einem Tempel dargestellt, die «Freiheit» in einem Triumphzug oder die «Gerechtigkeit und die Ungerechtigkeit» in einem Gerichtssaal, über der Eingangstür. Hier verbergen die unbestechlichen Richter ihre Hände in den Roben, während die bestechlichen sie entblößt darbieten. Das eindrucksvollste Gemälde der «Tafeln» ist das «Jüngste Gericht» rechts über der Eingangstür zur Winterratsstube, dem «Blauen Saal». Es lebt von der Darstellung des Gegensatzes der himmlischen und der irdischen Sphäre. Von der Glaubenssäule wird das Bild vertikal aufgeteilt in den Bereich der Erlösten und Verdammten. Christus als der himmlische Richter thront auf einem Regenbogen. Der Erdball liegt ihm zu Füßen. Die Erlösten wandeln auf dem Paradieshügel im Freudengarten. Die Verdammten werden von den weitgeöffneten Rachen Leviathans, dem Symbol der Hölle, verschlungen.

fühlte, so daß sie geradezu verschwenderisch mit polnischen Wappen auch die Friese und Gesimse dekorierte. Die Verehrung des Monarchen, der mit der Huldigung durch die Stadt deren Privileg der Souveränität bestätigte, erschöpfte sich nicht nur in formalen Zeremonien. Sie trug hier einen bleibenden Symbolcharakter.

Apotheose Danzigs

Die prachtvolle Decke des Saales mit der Apotheose der Stadt ist der des Senatorensaals des Dogenpalastes zu Venedig nachempfunden. Niederländische Künstler, Maler, Bildhauer und Architekten der italienischen Schule, wie Vredeman de Vries, der die Wandgemälde schuf, wie Isaac von dem Block die Deckenmalerei, haben um 1600 diese künstlerisch hervorragende Ausstattung gestaltet. Die Decke ist von einem Zyklus von fünfundzwanzig Gemälden in kostbaren Rahmen ausgefüllt. Das mittlere Bild als dominierendes Oval erregt zuerst die Aufmerksamkeit des Betrachters mit der Darstellung der Apotheose der Stadt Danzig. Auf einem römischen Triumphbogen erhebt sich die Stadt unter einem Wolkenhimmel. Die Spitze des Rathausturms wird von der göttlichen Hand erfaßt und gehalten, die ein weißer Adler berührt. Unter dem Gesims des Bogens erscheint der Lange Markt mit vor dem Artushof versammelten Kaufleuten und Gestalten in historischen polnischen Trachten. Ein Regenbogen breitet sich über die Weichsel von ihrer Quelle in den Beskiden bis zur Mündung bei Danzig. Auf der Reede ankern Kauffahrteischiffe im hellen Sonnenlicht. Die Allegorie drückt die Verbundenheit der Stadt Danzig mit der Weichsel aus, auf der die mit Getreide beladenen Flöße den Reichtum der polnischen Äcker Danzig anvertrauten.

Neuentdeckte Fresken

Zur Ausstattung gehören auch der bis zur Decke aufsteigende Kamin in den strahlenden Farben von Weiß und Gold, der ebenfalls völlig restauriert werden mußte, sowie der Bürgermeistertisch mit eingelegter Marmorplatte und die von Löwen gestützte Bank.

Unter dem Putz der Wände des ausgebrannten Saals entdeckte man bei den Restaurierungsarbeiten alte Fresken mit Szenen aus der Gerichtsbarkeit. Daraus zog man den Schluß, daß der Rote Ratssaal ursprünglich Sitz des Schöffengerichts war. Sommerratsstube wurde er deshalb genannt, weil der Rat zur Winterszeit im benachbarten «Blauen Saal», der «Winterratsstube» tagen mußte. Der prachtvolle Kamin in der Sommerratsstube reichte im Winter nicht aus, um den großen Raum zu erwärmen. Der Name «Roter Saal» wird von seiner purpurroten Seidentapete abgeleitet, die alle hundert Jahre erneuert werden mußte.

Allegorien

Ein allegorisches Bild ist das Oval der Vermählung von Ceres, der Göttin des Überflusses, mit Neptun. Ein Gemälde im Crescendo von Grün, Grau und Gold, in welchem die Göttin dem seinen Fluten entsteigenden Beherrscher des Meeres ihre Hand entgegenstreckt, um ihn aus seinem nassen Element zu entführen: eine Allegorie des aus dem Wasser geborenen Wohlstandes Danzigs. Ein anderes Deckenbild zeigt Alexander den Großen, wie er einem Neugierigen seinen Ring auf die Lippen drückt. Die Inschrift dazu lautet: Labia Consignentur (Mögen deine Lippen versiegelt sein). Ein Gemälde des von Schiffen bedeckten Meers, mit Neptun und Merkur, drückt die innige Verbindung des Meeres mit Handel und Schiffahrt aus. Das Innenportal und die Bilderrahmen der Decke stammen von der Hand des Bildschnitzers Simon Herle. Er teilte zuerst die Decke durch bemalte und vergoldete Holzschnitzereien in zahlreiche Felder, in welche Isaac von dem Block später die Gemälde einbrachte. Die Schnitzereien zeichnen sich durch eine reiche Phantasie und Können aus. Die von den Umrahmungen herabhängenden Knäufe und Zapfen begründeten den typischen Danziger Zapfen- oder Knorpelstil. Sie sind zu Köpfen, Figuren und Fruchtgebinden geschnitzt und stellen in ihrer durchbrochenen Art Meisterwerke der Schnitzkunst dar.

«Weder tollkühn noch furchtsam»

Der Hauptschmuck des dem «Roten Saal» benachbarten «Blauen Saals», der Winterratsstube, ist gegenüber dem Eingang ein Kamin aus dem Jahr 1645. Zwei vergoldete Löwen aus Alabaster halten das Stadtwappen. Über ihnen lagert sich ein Salamander als Gesimsabschluß. Über dem Wappen lesen wir: Candide et sincere (Rein und unbescholten). Dem Kamin gegenüber in der Täfelung der Tür glänzt Danzigs Wahlspruch: Nec temere, nec timide (Weder tollkühn noch furchtsam). Diese Inschrift ist schon in den alten Beschreibungen des Rathauses an dieser Stelle erwähnt. Die alte Tür von Vredeman de Vries wurde im Krieg vernichtet. Die heute vorhandene ist ein Werk Simon Herles und öffnete früher den Eingang zu der im Obergeschoß befindlichen Kämmerei. Die Wände der Winterratsstube waren früher mit herrlichen Wandteppichen aus der Werkstatt von Isaac von dem Block geschmückt. Um die Mitte des vergangenen Jahrhunderts zierten die Wände Gemälde: «Tod des Königs Artur», «Redlichkeit», «Gerechtigkeit», «Amnestie» und «Strafe und Belohnung», Themen, welche auf die Gerichtsbarkeit hindeuten. Von allen ist heute nur das letztere erhalten. Der Kamin wurde im Krieg von einer Bombe in Stücke gerissen und ist heute sorgfältig aus kleinsten Splittern wieder zusammengefügt. Die Bombe blieb als Blindgänger unter den Trümmern des Kellergewölbes verborgen und wurde erst Jahre nach dem Krieg dort gefunden. Es ist einer glücklichen Fügung zu verdanken, daß dieses Geschoß nicht explodierte, denn das hätte wohl die völlige Zerstörung des Rechtstädtischen Rathauses bedeutet.

Altdanziger Wohnkultur

Die den auf den Innenhof weisenden großen Fenstern gegenüberliegende Wand ist mit einem Gobelin in Braun gehaltenen Tönen verkleidet, über dem eine moderne Freskenmalerei von einem geschnitzten Sims eingefaßt wird, der zur alten Ausstattung zählte und restauriert wurde. Der nächste Raum, den wir anschließend an den Besuch des «Blauen Saals» betreten, ist die «Kleine Wettstube». Hier wurde die niedere Gerichtsbarkeit ausgeübt, die der Ordnungsvorschriften und Verwaltungsanordnungen, aber auch vollstreckende Justiz. Zeitweise tagte hier das Schöffengericht. Ähnlich den schönen Kreuzgewölben im «Blauen Saal» sind auch hier die Gewölbe weiß getüncht, deren Rippen von rotem Backstein wirkungsvoll abgesetzt sind. Unübersehbar prägt auch in diesem kleineren Ratssaal ein dekorativer Kamin den dezenten Raumcharakter. Der letzte dieser Räume im Untergeschoß schließt die Repräsentationssäle ab und ist mit Altdanziger Barockmöbeln versehen. Der schwarzeichene Danziger Dielenschrank fügt in seiner auffälligen Breite und Höhe sich dennoch harmonisch in den kleinen Saal, der früher als Kanzlei genutzt wurde. Der parkettierte Fußboden und eine gewölbte, ausgemalte Decke, von der Messingleuchter herabhängen, rundet den seltenen Einblick in ein Interieur Altdanziger Wohnkultur wohltuend ab.

Der Thronsaal

Der «Weiße Saal» oder die «Große Wettstube» ist der größte Raum des Rathauses. Bis zur Mitte des 16. Jahrhunderts wurden hier die Sitzungen des Rats abgehalten. Während der Besuche polnischer Könige diente er als Thronsaal, wo dem Monarchen gehuldigt wurde, nachdem er die Rechte der Stadt bestätigte. Nach 1526 fanden hier die Versammlungen der «Dritten Ordnung» der «Hundert Männer» als der eigentlichen Volksvertretung statt. Die Pfeiler zwischen den Fenstern der Südwand waren früher mit den Porträts von neun polnischen Königen behängt, darunter dem des Türkenbesiegers König Johann III. Sobieski, in natürlicher Größe, in einem geblümten Halbpanzer gekleidet. Das Porträt des Sobieski ist von dem Danziger Barockmaler Daniel Schultz dem Jüngeren geschaffen. Eine Rarität war die Darstellung eines Walfisches, umgeben von zwei Schwertfischen, die nach lebendigem Vorbild gemalt wurden, wie es in der Überlieferung heißt. Sie wurden auf der Halbinsel Hela aufgefunden, die im Westen die Danziger Bucht begrenzt. An der Nordwand ein «Kamin» aus schönem weißen Stein und rotem Marmor verziert mit Inschriften, dem Wappen von Danzig und den Allegorien von Glaube, Hoffnung und Umsicht. Darüber hing das berühmte Bild der Schlacht von Tannenberg aus dem Jahre 1410.

Ständige Ausstellungen

Ein 1970 fertiggestellter Fries soll die frühere Einrichtung wiedergeben, beruht aber auf Ungenauigkeiten, da damals das Inventarverzeichnis des Rathauses aus dem 17. Jahrhundert noch verschollen war. Heute wird der repräsentative Raum als Theater- und Konzertsaal genutzt. Auch wurden hier internationale Abkommen und Konventionen unterzeichnet. Das Obergeschoß dient heute ausschließlich Ausstellungszwecken. Früher befand sich hier die Kämmerei, später der Audienzsaal des Bürgermeisters. Von dem biblischen Bilderzyklus sind drei Gemälde gerettet worden: «Der Bau des Turms zu Babel», «Vor der Sintflut» und «Nach der Sintflut». Anton Möllers berühmtestes Bild «Die Entrichtung des Zinsgroschens» mit einem Blick auf den Langen Markt und Langgasse mit dem noch spitzbögigen, gotischen Tor, das früher in der Pfahlkammer hing, ist jetzt in der Kämmerei zu bewundern. Es ist die früheste bildliche Darstellung des Danziger Hauptplatzes und der Langgasse. Die Schatzkammer grenzt unmittelbar an die Kämmerei. Später wurde hier das Bürgermeisterzimmer eingerichtet. Bemerkenswert ist das Gewölbe. Heute sind hier die Münzsammlungen als ständige Ausstellung zu sehen, symbolisch für die ältere Bestimmung des Raumes als Zahlmeisterei.

Mit dem Denkmalpfleger zur Zeit der Freien Stadt Danzig, Oberbaurat Erich Volmar, führte ich in den sechziger Jahren eine Korrespondenz über den Verbleib der bedeutendsten Gemälde des Rechtstädtischen Rathauses. Darin bestätigte er mir die Rettung von Anton Möllers «Zinsgroschenbild» und dem «Tempelbau». Das dritte Möllersche segmentartige Gemälde «Fischzug Petri» sei verlorengegangen. Er teilte mir auch beruhigend mit, daß die wertvollen Deckengemälde zum Teil im Altstädtischen Rathaus, zum Teil im Stadtmuseum aufgefunden und wieder an ihrem ursprünglichen Platz angebracht worden seien. Erst nachträglich habe ich erfahren: Es ist allein dem Entschluß Volmars zu verdanken, der diese Deckengemälde auslagern ließ, daß sie heute noch vorhanden und wieder der schönste Schmuck des Rechtstädtischen Rathauses sein können. Ich erwähne dies, um das Andenken an diesen Mann zu bewahren, mit dessen Namen die jüngste Geschichte des Rathauses verbunden bleiben wird.

Archäologische Entdeckungen

Eine archäologische Anmerkung ist nach dem Besuch des Rathauses noch nachzutragen. Es ist die Entdeckung archäologischer Funde anfangs der siebziger Jahre in den Kellerräumen. In früheren Kulturschichten wurden Fragmente einer Siedlung aus dem 9. Jahrhundert entdeckt sowie Spuren einer mit Holzteilen und Erdwällen befestigten Siedlung aus dem 11. bis 12. Jahrhundert, die auf älteren Hafensiedlungen des 7. und 9. Jahrhunderts errichtet wurde. Bislang gab es in Danzig auch in der Geschichtsforschung nicht den geringsten Anlaß für eine so frühe Datierung erster Siedlungen auf diesem Gebiet. Die Entdeckung ist als sensationell zu bezeichnen. Gewiß hatten Danziger Historiker auf dem Grundstück des Rechtstädtischen Rathauses schon zu deutscher Zeit das «Kaufhaus» vermutet. Jetzt hat sich diese Hypothese als wahr erwiesen, nachdem unter der Langgasse Fragmente eines monumentalen Gebäudes aus jener Zeit entdeckt wurden. Auch auf diesem Gebiet sollte die Danziger Geschichte neu geschrieben werden. Nach gelungener Aufbereitung wird in den Kellerräumen eine Ausstellung über die Funde der Öffentlichkeit zugänglich gemacht werden.

Rathaus-Inschriften

Die Inschrift über dem Aufgang der Treppe in der Diele des Rechtstädtischen Rathauses strahlt mit goldenen Lettern die oft zitierten Worte, den Stolz Danzigs und seinen Ruhm verkündend, aus:
 ANTE ALIAS, FELIX
 QUAS PRUSSIA CONTINET URBES
 EXSUPERANS GEDANUM,
 NOBILE NOMEN HABET.
Dieses Distichon, von dem Danziger Stadtsekretär Hans Hasentödter im 16. Jahrhundert verfaßt, eröffnet dessen 1569 abgeschlossene Reimchronik. Es ist mit seiner Aufnahme in Curickes historischer «Beschreibung der Stadt Danzig» allgemein bekannt geworden. Seine deutsche Übersetzung lautet:
 «Glücklich vor allen Städten
 Preussens, Danzig, ruhmreichen
 Namens überragst Du sie».
In den Räumen der ehemaligen Territorialkasse im Erdgeschoß, wo sich auch die Pfahlkammer zur Einnahme des Pfahl- oder Hafengeldes befand, stand ein Kamin mit der Inschrift: VIGILIA. «Sei wachsam.» Im Gesims, dessen Mitte das Stadtwappen ohne Löwen zeigt:
 Civitati duo debentur: opera et
 pecunia.
«Dem Staate schuldet man zwei Dinge: Arbeit und Geld.» Der mit Elfenbein, Perlmutt und Silber ausgelegte Tisch im Empfangsraum des Oberbürgermeisters trägt in großen Majuskeln drei Ratschläge:
Frag nicht nach falschen Lugen, wo dir Unrecht geschieht,
Die Zeit wird es wohl fugen, das es nur sey erticht.
Einem jedern las auch bleiben seinen Nahmen ungeschandt, Kurtzweil, in Ehren treibe, dein Gluck sich bald verwandt.
Einer den andern tadelt, ist selbst damit behaft, wer ist so hoch geadelt, der keinen Mangel hat?
Der Steinkalender zwischen den Fenstern, den der Kämmereischrei-

33

ber Anton Schrotberg im Jahre 1608 anfertigte, zeigt in schön verzierter deutscher Schrift: Hin geht die Zeit / her kommt der Todt; O, Mensch, thu Recht und fürchte Gott.

Die Danziger Diele (Sień Gdańska)

Auf einem Kupferstich in der Chronik von Curicke aus dem Jahr 1687 hat das östlich neben dem Artushof stehende Haus noch einen waagerechten, gezinnten Giebel, der dem Haus eine schwermütige, ernste Würde verleiht, während der stimmungsvolle Rokokogiebel dieses Gebäudes, das die Schöppen 1713 umbauen ließen, um es für ihre Gerichtsverhandlungen einzurichten, die heitere Verspieltheit des neuen Zeitalters verkörpert. Das Äußere täuschte über die durchaus juristische Bestimmung des Hauses, dessen vordere Diele dann im Jahre 1901 von der Kaufmannschaft als die Diele eines Danziger Patrizierhauses eingerichtet wurde, wie sie der Danziger Maler Daniel Schultz in seinen Interieurs festgehalten hat. Die Wände waren mit Delfter Fliesen gekachelt. Eine dunkle Eichentreppe, mit einer Minerva als Pfeilerstandbild, lud zu den oberen Räumen ein. Die Deckengemälde zeigten in ihren Motiven Darstellungen von Szenen aus dem Alten Testament. Von der Decke hingen alte Danziger Kriegs- und Handelsschiffe. Die echten Danziger Dielenschränke mit den Delfter Vasen und eine Sammlung von «Willkomm» bereichern die typische Innenausstattung, zu der sich auch Danziger Zunftschilder und Blaker gesellten. Die Messingblaker waren ein Lieblingsschmuck der Danziger in ihren Dielen und Kirchen: getriebene Messing-Spiegel hinter den Kerzenhaltern, die das Licht reflektieren und die selbst in ihren Rahmen die Fülle von Blumenmustern aufweisen, wie die steinernen Reliefs der Beischlagbrüstungen und das Schnitzwerk der Rundbildrahmen im Artushof. Ursprünglich gehörte das Haus der Familie Schmieden als Wohnsitz. Gegenwärtig ist es Stätte des Künstlervereins.

Der Danziger Neptunsbrunnen (Fontanna Neptuna)

Eines der grazilsten und zugleich markantesten Kunstwerke Danzigs ist der Neptunsbrunnen auf dem Langen Markt, vor dem architektonischen Hintergrund der Hauptfassade des Artushofes und der strengen, gotischen Ostseite des Rechtstädtischen Rathauses, die von einer heiteren Attika im Renaissancestil festlich gekrönt ist. Der Neptunsbrunnen strahlt Anmut und Gelöstheit als ein Sinnbild des Fließenden und Bewegten aus. Er ist dem römischen Gott des rinnenden Wassers nachgebildet, dessen Fest, die Neptunalien, am 23. Juli gefeiert wird. Wie das im Stil der italienischen Renaissance errichtete Langgasser Tor, atmet auch der Danziger Neptun einen Hauch südlicher Beschwingtheit. Die Neptunsbrunnen von Florenz und Trient sind würdige Paten des Danziger Marktbrunnens, der unverwechselbar zum typischen Stadtbild gehört. Es ist das einzige in Metall gegossene Kunstwerk der Stadt.
Über einem aus steinernen Bildwerken gegliederten Unterbau erhebt sich aus der geschweiften Wandung einer runden Brunnenschale die schlanke Silhouette des in der rechten erhobenen Hand den Dreizack schwingenden Meergottes. Seepferde, Delphine, Löwenköpfe und Sphinxe verleihen der mythischen Figur symbolische Bedeutung. Die durch Schiffahrt und Seehandel reich gewordene Hansestadt huldigte mit ihrem schönsten Brunnen dem Beherrscher der Meere, ähnlich der Huldigung ihrer Beschützer, ohne ihnen je untertan zu sein. Eingerahmt ist der Springbrunnen von einem schmiedeeisernen Gitter. Von Wassern überströmt, die aus den vielen Mäulern der Figuren und Löwenköpfe, ja selbst aus dem Dreizack fließen, ist er mir manchmal erschienen wie der Blitze schleudernde Zeus, der seinen Zorn über einer törichten Welt entlädt.
Man kann sich heute kaum vorstellen, wie das alte Danzig im Schmuck der Kastanienblüten und in dem Duft der Lindenblüten üppig seine architektonische Schönheit mit der damals noch erhaltenen Natur verschwisterte. In der Brotbänken- und Jopen-, in der Frauen- und Heiligengeistgasse standen noch in den dreißiger Jahren dieses Jahrhunderts einzelne Bäume vor den alten Beischlägen mit skurrilen Wasserspeiern und schmiedeeisernen oder verspielten, steinernen Brüstungen.
Die Danziger Patrizier, die ihren höchsten Lebensgenuß in der Kunst suchten, hatten den Bildhauer und Baumeister Abraham von

dem Block im Jahre 1619 nach Augsburg entsandt, um für die Stückgießerei einige Schüler Neidhardts zu gewinnen. Wolfgang Neidthardt aus Ulm war 1596 als Stück- und Glockengießer von der Reichsstadt Augsburg angestellt worden, um für mehrere Brustbilder der Kaiser auf dem Rathaus und eine Bildsäule des Schwedenkönigs Gustav Adolf die Formen zu schaffen. Augsburg war damals als Stadt des Metallgusses sehr geschätzt. Außer nicht unbedeutenden einheimischen Künstlern lebten zu jener Zeit unter ihnen Johannes Reichel von Rain und die beiden Niederländer aus der Schule des Giovanni da Bologna, Hubert Gerhard und Adrian de Vries. Während der Augsburger Neptunsbrunnen schon 1530 und der Georgsbrunnen 1585 errichtet worden waren, wurde um die Wende zum 17. Jahrhundert die Stadt Augsburg um ihre drei berühmten Monumentalbrunnen bereichert. Für den Augustusbrunnen lieferte Hubert Gerhard, auf dem Perlach, und für den Merkurbrunnen und den Herkulesbrunnen Adrian de Vries die Formen zum Gusse.

Die geldmächtigen Fugger und die seefahrenden Welser hatten Augsburg, die Gründung des römischen Kaisers Augustus, zur Weltstadt sowie zur Kunststätte bekannter Maler, Bildhauer und Musiker erhoben.

Der Name des Meisters, der den Danziger Neptun im Jahre 1620 oder 1621 in Bronze gegossen hat, ist zwar ungewiß. Man meint aber, daß die Neptunfigur von Adrian de Vries oder einem seiner Schüler in Danzig oder in Augsburg in den genannten Jahren angefertigt wurde. Ende des Jahres 1621 befand sich unser «Neptunus», wie Hirsch in einem Aufsatz zur Kunstgeschichte Danzigs berichtet, vollständig ausgearbeitet in Danzig. Allein die Wassergänge im Inneren der Figur waren schadhaft und bedurften einer Ausbesserung, die der «Erzmeister» Ottmar Wettner im Dezember 1621 in Danzig ausführte und in einem Jahr die ihm vom Rat der Stadt aufgetragenen Arbeiten vollendete.

Bis zu seinem Tode war dann Abraham von dem Block sieben Jahre mit der Anfertigung von Bildwerken aus Marmor und schwarzem Tuffstein für den neuen Brunnen beschäftigt. Nach den Schwedenkriegen wurde im Frühjahr 1633 der Maurer Reinhold de Clerck mit dem Bau des gemauerten Fundaments und der Bildhauer Wilhelm Richter mit der Vollendung des steinernen Grundbaues beauftragt; während des Jahres 1633 wurden für den Brunnen insgesamt 12 280 Gulden verausgabt, der am 25. September 1633 vollendet war.

über den Häuptern polnischer und deutscher Fürsten und Könige, Archimedes, von dem die Legende sagt, er habe mit Brennspiegeln die römische Flotte vernichtet, der römische Zensor Cato, der gegen Karthago zeterte, Regulus, der römische Heerscharen gegen Karthago führte, und Solon, der athenische Gesetzgeber und Dichter, der zu den sieben Weltweisen gezählt wurde.

Wo Könige wohnten

Wo einst die Königshäuser standen, an der Ecke der Matzkauschen Gasse, direkt gegenüber Artushof und Neptunsbrunnen, waren zuletzt eine Apotheke und ein Kino, eine Reederei «Bergtrans» und eines der Schokoladengeschäfte der bekannten Firma Georg Mix eingezogen. Die anderen einstigen Bürgerhäuser am Langen Markt beherbergten Banken, Restaurants, Caféhäuser, Konsulate, Schiffsmaklerfirmen, Weinkeller, Anwalts-, Arztpraxen und Wohnungen.

Die ganze sonnige Südseite des Platzes wies, bis auf wenige Ausnahmen, noch die typischen Danziger Beischläge vor den Häusern auf. Die Teehäuschen, noch auf dem Stich von Matthäus Deisch aus dem Jahr 1768 sichtbar, standen nicht mehr, auch nicht die langgestreckten Vorbauten auf der Nordseite bis zur Kürschnergasse (ul. Kuśnierska). Aber die Lindenbäume blühten noch auf dieser Seite und vor allem vor der Danziger Diele, neben dem Artushof.

Einst wohnten in diesen kultivierten Häusern, die in den vielen Jahrhunderten immer wieder erneuert oder durch moderne Bauten ersetzt worden waren (so erkennt man auf dem Stich von Matthäus

Das Goldene Haus (Złota Kamienicka)

Das Steffenhaus, welches der Kaufmann mit dem adligen Namen Speymann von der Speye 1609 über und über mit Standbildern, Emblemen und Porträts versehen ließ, ist wiederaufgebaut worden und wird heute wegen seiner mit echtem Blattgold belegten Fassade das «Goldene Haus» genannt. Auch hier schauen uns die Häupter der Feldherren von der Artushoffront noch einmal an, die beiden Scipio und Judas Makkabäus. In einem Relief Scävola, Camillus und die drei Horatier. Auf den Pfeilersockeln stehen ehrfurchtgebietend

Deisch noch gotische, strenge Häuserfronten, die es im 20. Jahrhundert am Langen Markt nicht mehr gab), Danziger Kaufleute und Ratsherren, Schöffen und reiche Handwerker, Juweliere, Seidenfärber und Goldschmiede. Zu ihren Besuchern zählen sie die Könige von Polen und Preußen, päpstliche und britische Gesandte, Konsuln, Künstler und Poeten. Mit dem Niedergang der Hanse und dem Aussterben der Handelsherren, der Schließung ihrer Kontore und dem Verlust der Unabhängigkeit Danzigs waren nur noch die steinernen Hüllen der luxuriösen Interieurs dieser palastähnlichen Bauten übriggeblieben, ihren einstigen Eigenschaften entfremdet, aber dennoch eine Altersschönheit ausstrahlend, wie sie in dem Farbenspiel der Natur im letzten Aufleuchten des Herbstes erscheint. In einem dieser «Königshäuser» wurde 1677 der polnische Königssohn Alexander geboren.

Stadt der Museen

Mit dem Wiederaufbau des Langen Marktes wurden auch diese prachtvollen Patrizierhäuser in ihren historischen Fassaden von Meisterhand und mit allen Details rekonstruiert. Von den meisten Häusern waren nach den Verwüstungen, die der Krieg auch hier angerichtet hatte, nicht einmal mehr die Fassade stehengeblieben. Heute sind hier Büros und Wohnungen eingerichtet, und neues Leben hat begonnen. Die alte Herrlichkeit aber, wie sie zum Beispiel das Schöppenhaus bis zum Ausbruch des Zweiten Weltkrieges bot, ist versunken. Ein Trost ist der Gedanke, daß die im Schöppenhaus eingerichtete «Danziger Diele» auch nicht mehr war als ein Museum Altdanziger Wohnkultur. So gesehen, war Danzig schon vor seinem Untergang im Jahre 1945 ein «Abbild seiner eigenen Historie». Polen haben bei dem Wiederaufbau gleiche Wege beschritten und ein Museum an das andere gefügt, um Danzigs alte Schönheit auszustellen. Aber das Leben breitet sich schneller aus als das bloße Erinnern. Ein weiträumi-

Auch Häuser haben ihr Schicksal

In seinem Tage- und Skizzenbuch der ersten Reise von Berlin nach Danzig, im Jahre 1773, läßt der bekannte Radierer Daniel Chodowiecki, selbst ein Sohn Danzigs, uns auch einen Blick auf einer seiner schönsten Zeichnungen, in die Langgasse werfen, etwa vom Rathaus gesehen, in Richtung Langgasser Tor. Im Vordergrund des Bildes ist auf der rechten Seite das Standbild des heiligen Christopher zu sehen, als Zeichen eines Gasthauses. In diesem Haus, das in der Zeit nach 1900 in neugotischem Stil wiedererrichtet wurde, residierte zur Freistaat-Zeit die Danziger Sparkasse. Auch heute ist das Gebäude in einem gotisierenden Stil nach der Zerstörung von 1945 wieder eines der ansehnlichsten auf der nördlichen Seite der Langgasse.
Von allen diesen Häusern ging eine behagliche Stimmung aus, so daß Danzig früher einmal, als die Häuserreihen noch von den terrassenartigen Beischlägen gesäumt waren, als die gemütlichste Stadt in Europa bezeichnet wurde. Die Häuserfronten wiesen teils auch Fresken und Wandmalereien auf. Rotes Ziegelwerk und Sandsteinverzierungen hoben sich kräftig voneinander ab, und Vergoldungen unterstrichen den Wechsel von Farben und Formen. So schrieb Ernst Blech einmal: «Dabei gleicht fast ger, heller Bernsteinladen bietet neben dem «Goldenen Haus» heute wieder das Gold der Ostsee zum Kauf an. Nein, Danzig ist keine Museumstadt, aber eine Stadt der Museen, der Musen und des Bernsteins. Dies ist das Unveränderliche im Veränderlichen, das ich entdeckte.

kein Haus dem anderen. Vielseitiger Reichtum der Gedanken bringt immer neue Abwechslung in das Bild der langen Häuserreihen, Handwerk und Kunst reichten sich die Hand zu glücklichem Bunde.»

Gerhardsches Haus

Das Gerhardsche Haus, das 1570 ausgebaut wurde, trug nach der alten Straßennumerierung die Nr. 400. Es wurde damals als das interessanteste aller altertümlichen Häuser bewertet. Im vorderen Saale des unteren Stockwerks enthielt es einen von Säulen getragenen Fries, der in steinernen Reliefs Themen der Künste und der Wissenschaften behandelte: die Geometrie, die Arithmetik, die Grammatik und die Rhetorik. Auf einem Fries des Flures waren Jagdszenen im Relief zu sehen. Dieses Haus war im 14. Jahrhundert die Münzstätte des Deutschen Ritterordens. Später kam es in den Besitz der Danziger Patrizierfamilie Tannenberg. Im 19. Jahrhundert beherbergte es die renommierte Gerhardsche Sortiments- und Verlagsbuch- und Kunsthandlung sowie eine Buchdruckerei mit neunzehn

25 Patrizierhäuser in der Langgasse, nach der Rekonstruktion.

26 Portal des Uphagenhauses in der Langgasse, mit Oberlicht.

Pressen. Die damalige Tageszeitung «Das Dampfboot» und andere Tageblätter, wie die «Allgemeine Politische Zeitung» und die «Landwirtschaftliche Zeitung», wurden hier redigiert und gedruckt. Von Bedeutung war auch die kunstvolle Fassade des Schultzschen Hauses in der Langgasse 402, mit lebensgroßen Steinfiguren. Die meisten Häuser zeichneten sich im Inneren durch altertümliches Schnitzwerk, Holztäfelung der Decken, gekachelte Wände und geschwungene, gewendelte Treppen mit gedrechselten Geländern und Handläufen aus. Merian berichtet, die Häuser der Langgasse seien «auswendig mit Farben und Gold bemalt». Auf den Kupferstichen von Curicke kann man die spätgotischen, nur von profilierten Ziegelsteinen gemusterten Fassaden sehen, wie sie wiedererstanden sind in der schweigsam-strengen Schönheit der Fassade an der Georgshalle auf dem Kohlenmarkt.

«Adam und Eva» und das «Löwenschloß» (Lwi Zamek)

Den merkwürdigen Namen «Adam und Eva» führte das Haus in der Langgasse Nr. 393. In deren unteren Räumen zog später eine Konditorei ein. Die Radierungen von Schultz aus dem Jahr 1856 zeigen uns die alten Hauswände mit den Medaillons, säulengeschmückten Portalen, Oberlichten und Standbildern auf dem Giebel, wie sie in überwältigender Ausschmückung auch heute wieder in anschaulicher Lebensgröße besichtigt werden können, wie zum Beispiel das schöne «Löwenschloß».
Unweit vom Ferberhaus steht heute wieder das «Löwenschloß». Es ist ein in italienischer Bauweise des Renaissancestils errichtetes prunkvolles Patrizierhaus, dessen Portal von Löwen bewacht wird. Das 19. Jahrhundert beseitigte nicht nur die vor allen Häusern zum Besuch einladenden Beischläge, sondern verwandelte die Wohnstraße der Patrizier bedenkenlos in eine moderne Geschäftsstraße. Zu diesem Zweck mußten nicht nur die malerischen Vorbauten verschwinden, sondern die für jene Zeit typischen breiten Berliner Schaufenster nahmen oft die ganze Fläche des Untergeschosses ein. In die Häuser zogen Ladengeschäfte ein, Banken und Kinos (Gloriatheater), in das «Löwenschloß» ein

Automatenrestaurant, Buch- und Bernsteinläden (Plocek), eine Papierhandlung, eine Buchdruckerei oder Rosenbergs Danziger Verlagsgesellschaft. Diese Aufzählung betrifft nur die wenigen Häuser der unteren Südseite der Langgasse vom Ferber- bis zum Schumannschen Haus. Das Schumannsche Haus gegenüber dem Rathaus, das vor dem Krieg einen Arkadengang aufwies und in seinem Untergeschoß ein Juweliergeschäft sowie ein Konfitüren-, Porzellan- und Milchgeschäft und einen Blumenladen in sich aufgenommen hatte, ist heute in seiner ursprünglichen Gestalt wiederaufgebaut worden. In diesem Eckgebäude zur Matzkauschen Gasse wird die Fassade von den horizontal verlaufenden Friesen bestimmt, die die einzelnen Etagen künstlerisch unterteilen. Heute ist hier der Verkehrsverein eingezogen, und eine schöne Diele läßt ahnen, wie geräumig und repräsentativ die üblichen Dielen den Eingangsraum der Danziger Patrizierhäuser bestimmten. Es stammt von 1560, aus dem gleichen Jahre wie das Ferberhaus in der Langgasse Nr. 28, dem eigenartigerweise ein Giebelaufbau fehlt. Dafür entschädigt die Hausfassade mit ihren vollrund heraustretenden menschlichen Gesichtern, die neugierig auf das Treiben in der Gasse hinabzuschauen scheinen. Bauherr war ein Sproß der berühmten Ferberfamilie, die viele Ratsherren und Bürgermeister stellte. Sein Erbauer, Konstantin Ferber, war selbst ein Bürgermeister von Danzig.

Die Ferberfamilie

Das Geschlecht der Ferber war aus der Stadt Kalcar im Rheinland um die Wende zum 15. Jahrhundert in Danzig eingewandert. In den Besitz des Stammvaters der Ferber, Ewert Ferber, gelangte die Trinitatiskapelle der Marienkirche zu Danzig 1448. Für diese mit Kostbarkeiten versehene Kapelle mit dem Triptychon, später Ferberkapelle genannt, bewilligte Erzbischof Stephan von Riga dem Sohn des Ewert Ferber, Johann, einen Ablaß. Während der Rat von Danzig das Patronat über die Danziger Kirchen ausübte, ernannte der König von Polen die Pfaffen an der Marienkirche. Der erstgeborene Sohn des Bürgermeisters, nach seinem Vater auf den Namen Johann getauft, 1464 geboren, wurde mit erst zwanzig Jahren vom polnischen König zum Pfarrer von St. Marien ordiniert. Dieser Johann Ferber war zugleich Doktor der Rechte und Domherr von Kulm. Da er sich gegen seine Untergeistlichkeit nicht durchzusetzen vermochte, ging er nach Rom, wo er im Frühjahr 1493, angeblich durch Gift, einen frühen Tod fand. Zweiter Sohn der Ferber war Eberhard, in der Danziger Geschichte als Erster Bürgermeister die unbestritten bedeutendste Persönlichkeit, der durch Macht und Reichtum aufstieg und auf Fürstentagen in Preßburg und Wien als König von Preußen tituliert wurde. Als Admiral von Danzig und mit seiner «Ferber-Chronik», auch «Eberhard Ferbers Buch» genannt, einer Sammlung Preußischer Landes- und Danziger Stadtchroniken, hat er sich um seine Vaterstadt verdient gemacht, wenn er auch als tyrannische Renaissanceerscheinung in Konflikt mit den Danziger Bürgern kam und sich dann auf seinem Schloß bei Dirschau zurückgezogen bis zu seinem Tode im Jahre 1529 nur noch einer betrachtenden und ordnenden Lebensweise widmete.

Ein «Englisches Haus» (Dom Angielska)

Der Künstler aus Dresden, Hans Kramer, der später bei der Verteidigung der Weichselmünder Feste gegen das Heer König Stefan Bathorys gefallen ist, hat ein Denkmal bürgerlicher Baukunst vollendet. Es ist das «Englische Haus» in der Brotbänkengasse mit sechs Fenstern Breite und einer Höhe von fünf Geschossen. Mit den nach allen Himmelsrichtungen ausgebauten Giebeln und dem quadratischen Grundriß erinnert es an mitteldeutsche Einflüsse, die der Baumeister aus seiner Heimat mit herüberbrachte. Der Bauherr, der reiche Patrizier und Kaufmann Dirk Lilie, der einem alten Danziger Geschlecht entstammte, verlor mit dem Bau, der unersättliche Kosten verursachte, sein Vermögen und mit ihm das Haus. Es wurde später eines der ersten Hotels der Stadt für die fahrenden Kaufherren.

Das Zwillingshaus

Unweit des «Englischen Hauses» stand und steht heute wieder ein wunderbares Haus aus der Zeit der Spätgotik mit gezinntem First. Es gehörte einer Reihe von Besitzern, meistens Schöffen oder Ratsherren, unter ihnen der Ratsherr Valentin Schlieff, ein bedeutender Bücher- und Handschriftensammler, der seine hier untergebrachte Bi-

27 *Spätgotisches Haus in der Brotbänkengasse (Zwillingshaus) von dem Quergäßchen «Altes Roß» aus gesehen.*

28 *Reich mit Skulpturen von Andreas Schlüter versehenes Portal zum Schlüterhaus in der Jopengasse mit Beischlag (Treppenaufgang und Terrasse).*

29 *Schlüterhaus (Mitte) von der Scharmachergasse aus gesehen. Rechts Detail der Ostfassade des Großen Zeughauses und Wollwebergasse.*

bliothek später der Danziger Stadtbibliothek vermachte. Anfang des 19. Jahrhunderts sollte es wegen Baufälligkeit abgebrochen werden. Um einem Neubau Platz zu machen, wurde es an den Maurermeister Matthias Gronau verkauft. Das Haus war seiner Schönheit wegen in die Sammlung der Denkmäler deutscher Kunst von Möller aufgenommen worden. Nachdem der Maurermeister bereits mit dem Abbruch des Giebels begonnen hatte, wandte sich ein Protest der Bürgerschaft gegen die Vernichtung, und auf eine entsprechende Eingabe an den preußischen König Friedrich Wilhelm II. wurde auf dessen Anordnung die Sandsteinfassade abgetragen und Stein für Stein auf der Pfaueninsel bei Berlin wiederaufgebaut. Als Teil des Kavalierhauses auf der Pfaueninsel hat dort die schöne Danziger Fassade alle Stürme der Zeiten überlebt. Ein Kuriosum aber ist, daß es heute noch eine zweite, der ursprünglichen getreu nachgebildete in der Brotbänkengasse in Danzig gibt. Dort wurde das Haus im Plan der Rekonstruktion des inneren historischen Stadtkerns von Danzig in der Nachkriegszeit wiederaufgebaut. Würde man die seltsame Geschichte dieses Hauses und seiner geretteten Fassade nicht kennen, man würde nicht glauben, daß auf der Welt zwei Häuser in diesem heute nur noch ganz selten anzutreffenden spätgotischen Stil existieren, die in ihrer Fassade einander gleichen wie ein Ei dem andern, nur daß die eine, echte, weit von dem Ort ihrer Entstehung entfernt in Berlin zu sehen ist, während die andere wieder der Brotbänkengasse das altertümlich erscheinende Gesicht zuwendet. Als ich die Gasse an einem Sommerabend besuchte, waren die Zimmer des Hauses erleuchtet und aus den offenstehenden Fenstern waren die Rhythmen moderner Tanzmusik zu hören.

Lichte Heiterkeit und Grazie

Über das alte Danzig, seine ersten kindlichen Eindrücke von dieser Stadt, in deren Nähe er, in Güttland an der Weichsel, geboren wurde, schreibt der Dichter Max Halbe in seiner Biographie, «Scholle und Schicksal», die er in den Jahren vor dem Zweiten Weltkrieg verfaßte: «Selbst das heutige Danzig, das so viele von seinen altertümlichen Schönheiten dem Moloch Verkehr hat opfern müssen, gehört ja noch immer zu den ehrwürdigsten und getreuesten Zeugen deutscher Ver-

30 *Blick vom Vostädt. Graben auf Mauerfragmente vor der rückwärtigen Front rekonstruierter Häuser der Hundegasse. Die Häuser der Diener- und Hintergasse, die vor der Stadtmauer standen, wurden nicht wieder aufgebaut.*

Denkmalpflege

Am Beispiel der Langgasse läßt sich die städtebauliche Fehlentwicklung des 19. Jahrhunderts besonders klar ablesen. Die Stadtverwaltung versagte in der Denkmalpflege, so daß sich private Kreise des Schutzes der Kunstdenkmäler annahmen. Im Februar 1841 hielt Johann Carl Schultz, Direktor der königlichen Provinzial-Kunstschule, einen Vortrag über «altertümliche Gegenstände der bildenden Kunst in Danzig», gegen den Verfall oder Abbruch vieler Häuser oder deren Verstümmelung: «Nimmt man unserem Danzig seine Altertümlichkeit, so verliert dasselbe jedes Interesse in Hinsicht seiner Baulichkeit, und eine moderne Stadt wird man doch nicht daraus machen, man müßte sie dann schleifen und von Grund auf neu aufbauen wollen.»

In den sechziger Jahren des 19. Jahrhunderts wurde mit einer Polizeiverordnung die Vernichtung des Stadtbildes eingeleitet und der Abbruch aller Vorbauten und Beischläge in den Gassen der Innenstadt innerhalb von fünf Jahren angeordnet. In die alten Patrizierhäuser in der Langgasse zogen Kaufläden und Büros ein. Die geräumigen Dielen verwandelten sich zu Verkaufsräumen. Für den Bau eines großen Warenhauskomplexes an der Ecke zur Wollwebergasse wurden mehrere Häuser abgerissen. Alle diese Veränderungen im Stadtbild, die schnell anwachsende Bevölkerung, Industrialisierung und moderner Straßenverkehr führten zur Zerstörung vieler überkommener Kunstwerke und Kunstdenkmäler. Die radikalen Verwüstungen der Innenstadt durch den Zweiten Weltkrieg führten ebenfalls zu Überlegungen, eine neue moderne Stadt auf den alten Grundrissen zu errichten oder aber das alte Danzig zu rekonstruieren. Wie in Warschau, so wurde auch in

gangenheit. Wie ganz anders freilich wirkte vor zwei Menschenaltern jenes alte Danzig auf den Beschauer, das noch seine Umwallung, seine breiten Festungsgräben, seine Tore, seine Beischläge besaß! Es war wirklich der Geist fremder Jahrhunderte, der hier im hellen Tageslicht, nun gar in bleichen Mondnächten oder im tiefen, pfadlosen Winterschnee umzugehen und auch auf die Nachkommen noch etwas von seiner Substanz zu übertragen schien: ein hartes, nüchternes, rechnerisches, skeptisches Geschlecht, dem doch ein merkwürdiger, barocker Einschlag und eine derbe Sinnenfreude zu eigen waren . . . Festlichkeit atmen, bis auf diesen Tag, die Langgasse und der Lange Markt, den man die gute Stube von Danzig nennen könnte. Festlich wirken, straßauf, straßab, die alten Patrizierhäuser mit ihren breiten Steintreppen und den kugelverzierten Geländern, mit ihren geräumigen Beischlägen, Hausfluren, Lichthöfen, Paradezimmern. Niemand, der das Uphagenhaus in der Langgasse betritt, wird sich seiner lichten Heiterkeit und Grazie entziehen können. Immer wieder, wenn ich nach Danzig komme, drängt sich mir, ganz wie in meiner Kindheit, die merkwürdig prickelnde Atmosphäre auf, die diese Stadt und ihre altersgrauen Gassen erfüllt. Da ja auch ich dem gleichen Menschenschlag angehöre, so brauche ich nach den Gründen, warum ich mein Leben lang Freude an Festlichkeit und Narretei habe, kaum sehr weit zu suchen.»

Diese von Max Halbe empfundene «lichte Heiterkeit und Grazie» liegt wohl auch heute wieder über der vom Verkehr befreiten Langgasse. Auch das Uphagenhaus in seiner grazilen Rokokoschönheit ist wiedererstanden wie glückliches Lächeln, in einem glücklichen Augenblick, von welchem der griechische Philosoph Aristipp sagte, daß dies allein unser Leben lebenswert mache.

40

Danzig der zweite Weg beschritten und eine neue Innenstadt im früheren Gewand aufgebaut. Der Nachteil bestand jedoch darin, daß dem neuerrichteten Innenkern der Stadt pulsierendes Leben fehlte. Wenn auch Wohnungen und Büros in die Neubauten einzogen, so ermangelte es doch lebhafter Geschäftigkeit, die von der Einrichtung von Ladengeschäften und Restaurants oder Cafés ausgeht. Die Fußgängerzone der Langgasse wurde allein von den Touristenströmen belebt. Der Museumscharakter der rekonstruierten Gassen wurde damit noch unterstrichen. Inzwischen hat sich auch hier manches geändert und nach und nach setzten Läden und Cafés einen neuen Akzent in die museale Landschaft. Man geht jetzt nicht mehr staunend vorüber, sondern in die Häuser hinein, um Bernstein oder Antiquitäten, Souvenirs oder Kosmetika zu erstehen oder ein Eis, eine Limonade oder eine Tasse Kaffee im Vorübergehen und um das bunte Treiben der Passanten auf der Langgasse zu beobachten.

31 *Gegenwärtige Vergangenheit. Partie am Stadthof mit alten Wehrtürmen.*

Dekadenz

Schon vor dem Einbruch großstädtischer Moderne zerbrach die Klammer Altdanziger Tradition. Der Untergang des Patriziats war eine Folge der Teilung Polens. Der goldene Getreidestrom, den jahrhundertelang die Speicher Danzigs einheimsten, war endgültig versiegt. Seine Rinnsale zerflossen in alle Himmelsrichtungen. Danzig war nicht länger Polens Tor zur Welt. Es wurde preußisch. Die Klöster wichen überdimensionalen Kasernen. Breite Geschäftsstraßen rissen tiefe Wunden in Danzigs Fleisch. Aus dem Souveränitätsverlust erwuchs reinste Provinzialität.

Napoleon versetzte der Stadt schließlich den Todesstoß mit Belagerung, Einnahme und Ausplünderung in sieben leidvollen Jahren. Die vierhundert Jahre des Aufstiegs und der steten Entwicklung zu Geltung und Reichtum waren wie Märzschnee in der Sonne der neuen Zeit dahingeschmolzen. Mit der Moderne kam auch eine neue Gesellschaftsordnung in die Stadt. Eine Bevölkerungsexplosion ließ sie aus den Nähten platzen. Das alte, kosmopolitische Danzig ging in die Geschichtsbücher ein als sterbendes Denkmal vergangener Jahrhunderte.

Eine Philippika

Aber bald setzte seit den achtziger Jahren des 19. Jahrhunderts unter dem kunstliebenden Oberbürgermeister von Winter eine gegenläufige Bewegung ein. In der Jopengasse, Brotbänkengasse, Frauengasse, Heiligengeistgasse und auf dem Langen Markt sollten keine, «das architektonische Aussehen der Häuserreihen» beeinträchtigende Veränderungen mehr gestattet sein. Der Erfolg läßt sich noch heute in der Tatsache erkennen, daß in diesen Gassen (jetzt mehr als vor dem Krieg) die Ausbauten der Terrassen, also die typischen Danziger «Beischläge», das Auge des Betrachters erfreuen. In der Hundegasse oder in der Wollwebergasse (ul. Tkacka) ist das nicht der Fall. In einer Rede vor den Stadtverordneten hatte der Oberbürgermeister schon 1886 für die Bewahrung des alten Stadtbildes gekämpft: «Unsere Stadt hat in den letzten Dezennien durchgreifende Umwandlungen erfahren und manche architektonische Schönheit hat den Rücksichten auf die Gesundheitspflege und den Verkehr weichen müssen. Es ist dies in hohem

32 *Dorotheenaltar aus der Dorotheenkapelle der Marienkirche, jetzt im Eingangssaal des Nationalmuseums (mit Altargemälden «Katharina vertreibt einen Dämon» und «Katharina wird enthauptet»).*

34 *Schmiedeeisernes geflochtenes Türgitter am Nationalmuseum.*

33 *Flügel des Dorotheenaltars (Folterung der heiligen Agatha, 1435).*

Maße zu beklagen, aber noch berührender ist es, daß architektonische Schönheiten auch da zerstört sind, wo jene Rücksichten dies nicht notwendig machten. Wie sehr ich mich auch persönlich dagegen gestemmt habe, es hat sehr lange gedauert, bis ich hierauf einigen Einfluß gewann. Ich hatte mit Traditionen zu kämpfen, die aus der traurigsten Geschichte Danzigs, dem Anfang dieses Jahrhunderts, datieren, in der aller Kunstsinn erloschen, alle Freude an den architektonischen Schöpfungen früherer Jahrhunderte verlorengegangen waren. Der städtischen Verwaltung selbst ist der Vorwurf nicht zu ersparen, daß sie anfangs vielleicht notgedrungen, später aus Gewohnheit alles verfallen ließ und sich wohl gar etwas darauf zugute tat, altertümliche Schönheiten zu zerstören, weil sie angeblich nichts nutzten, sondern zu ihrer Erhaltung einige Ausgaben erforderten. Schwer geschädigt hat die Verwal-

35 *Niederländischer Dielenschrank von 1670 mit Delfter Vasen im Nationalmuseum.*

36 *Elisabethaltar im Nationalmuseum.*

37 *Portal am Nationalmuseum (früher Franziskanerkloster).*

tung die Interessen der Stadt dadurch, da sie durch die pietätlose Rücksichtslosigkeit gegen das von unseren Altvordern Ererbte das allgemeine Aussehen der Stadt herabdrückte, ebenso wie sie dieselbe in ihren inneren Einrichtungen verwahrlosen und verkommen ließ. Durch die niedrigen Ansprüche, die sie an die Leistungsfähigkeit unserer Bau- und Kunsthandwerker stellte, führte sie auch diese einer geistigen Verkümmerung zu.»

Während das Brigittenkloster und das Dominikanerkloster in der Altstadt aus Gründen der «Baufälligkeit» abgerissen wurden, entstand dem Franziskanerkloster in der Vorstadt in dem schlesischen Bildhauer Freitag ein mutiger Retter.

Das Franziskanerkloster

Für die alten Danziger war der ehrwürdige gotische Bau des Franziskanerklosters in der deutschen Zeit Inbegriff eines der kostbarsten architektonischen Zeugnisse der Backsteingotik und einer der schönsten altertümlichen Kunstbauten der Stadt überhaupt. Das Kloster, das ziemlich gleichzeitig mit der Sankt Trinitatiskirche (Kościół Św. Trójcy) vor fünfhundert Jahren errichtet wurde, bot von der Wallpromenade am Hohen Tor einen unvergeßlichen Eindruck mit dem zierlichen Filigran der drei Backsteingiebel, von denen der Danziger Radierer Schultz einst sagte, sie seien ein wahres Meisterwerk und er erinnere sich nicht «irgendwo ein schöneres Werk dieser Art in Ziegelbau gesehen zu haben».

Schon im Jahre 1419 war vom Papst die Gründung eines Franziskanerklosters in Danzig genehmigt worden. Hochmeister Michael Küchenmeister erteilte den «Grauen Mönchen», wie sie nach der Farbe ihres Ordenskleides genannt wurden, die Erlaubnis, sich den ihnen zugewiesenen Grund schenken zu lassen oder aus Almosen zu kaufen. Nach der Ordensurkunde aus der Zeit zwischen 1420 und 1422 sollte das Franziskanerkloster der Heiligen Dreifaltigkeit und der Jungfrau Maria geweiht werden. Der Bau entstand auf dem alten Gewann Lastadie, auf dem 1396 vom Ritterorden die Vorstadt angelegt worden war, in den ersten Anfängen schon im Jahre 1431. Die Mönche erbettelten von den Kaufleuten Geld und Baumaterialien und von den Handwerkern erbaten sie unentgeltliche Bauhilfe. Zugleich wurde eine Hallenkirche errichtet, deren nördliche Hälfte 1503 zusammenstürzte. Aber schon nach 11 Jahren war die Kirche wiederhergestellt. Die Annenkapelle bei der Trinitatiskirche wird für die Bedürfnisse der Laienpredigt 1480 erbaut. Zugleich diente sie als evangelische polnische Kirche. Das Kloster hatten die Franziskaner über ein Jahrhundert inne. Mit wachsendem Wohlstand ging der Verfall der Sitten einher und die allmähliche Auflösung der klösterlichen Ordnung.

Der Konvent war tief entzweit durch den Gegensatz zwischen den deutschen und polnischen Mönchen. Die Ausbreitung der Reformation schränkte die Mittel zum Unterhalt ein, so daß zuletzt nur noch drei Mönche, unter ihrem Kustos Johann Rollau, dort lebten. Ein Teil der Mönche war in polnische Klöster abgewandert.

Bibliothek und Gymnasium

Rollau übergab das Kloster samt Inventar 1555 der Stadt und dem Rat, samt der wertvollen Bibliothek mit 1057 Handschriften und Büchern in Verwahrung. Unter Rektor Johann Hoppe wurde 1558 nach dem letzten Willen des Kustos Rollau das Danziger Gymnasium errichtet und die Grundlage der Stadtbibliothek gelegt, zusammen mit dem bei einem Schiffsuntergang geretteten Bücherschatz des protestantischen Neapolitaners Marchese d'Oria, mit 1140 Bänden.

Der Rat der Stadt vermehrte den wertvollen Bestand durch Bücherkäufe für 1530 Mark im Jahre 1597. Über zwei Jahrhunderte diente der geistliche Bau den mehr geistigen als geistlichen Zwecken, dem Akademischen Gymnasium, das Berühmtheit weit über Danzig hinaus erlangte. In den Lehrerwohnungen des alten Gebäudes wohnten im 17. und 18. Jahrhundert so berühmte Gelehrte wie Aegidius Strauch, Calov, Bertling, Kulmus, Hanow und Lengnich, die das Gymnasium zu einem Mittelpunkt geistiger Bildung im europäischen Osten machten. Später wurden auch Wohnungen für die Zöglinge eingerichtet und bekannte Dichter, wie Gryphius, Hoffmannswaldau und Ewald von Kleist wohnten an dieser kulturgeschichtlichen Stätte. In der Zeit napoleonischer Besatzung von 1807 bis 1814 diente der Gebäudekomplex als ein Kriegslazarett der Franzosen und nach der Wiederbesetzung Danzigs durch die Preußen bis 1844 den gleichen Zwecken. An die Militärverwaltung wurde es 1829 von der Stadt, entgegen dem Willen Rollauses nur zu Unterrichtszwecken zu bestimmen, zum Abbruch als Baugelände für einen Kasernenneubau verkauft! Es sollte in dieser kunstfremden und, wie Blech einmal sagt, «banausischen Zeit» also das gleiche Schicksal erleiden wie das 1839 abgebrochene Dominikaner- und das alte Brigittenkloster.

Eine glückliche Fügung

Einer seltenen Fügung verdankt das schöne mittelalterliche Baudenkmal seine Rettung. In der halboffenen Ruine hatte der Militärfiskus dem Kunstlehrer und Bildhauer Rudolf Freitag ein Atelier gestattet, nachdem 1844 das neue Garnisonlazarett gegenüber dem Spendhaus, an der Stelle des alten Zuchthauses, erbaut worden war. Freitag war ein gebürtiger Breslauer, der in Wien Kunst studierte und lange Jahre in Rom und Pompeji die Antike als Bildhauer nacherlebte. Die Fügung wollte es, daß der Schüler Thorwaldsens 1844 an die Danziger Kunstschule kam und Lehrer der Modellierklasse für 150 Taler Gehalt wurde. Der traurige Zustand der Vernachlässigung und mutwilligen Zerstörung der alten Danziger Kunstbauten mag ihn an das Schicksal Pompejis erinnert haben. In seiner Begeisterung für die Kunst fand er in der Enge der Kunstschule ein doch nur sehr begrenztes Betätigungsfeld. So vertiefte er sich mit wahrer Leidenschaft in die Sammlung der vor aller Augen sichtbar und ungeachtet zugrundegehenden Kunsterzeugnisse. Seine Idee war, ein «Vaterländisches Museum» zur Rettung und Bewahrung der altdanziger Kunst ins Leben zu rufen. Auf schöngeformte Bittschriften des Kunstenthusiasten schenkte der Preußenkönig Friedrich Wilhelm IV. im Jahre 1855, das einem Kasernenneubau zugedachte Klostergut der Stadt, unter der Bedingung eines Neubaus für ein Museum. Die jahrelangen Bemühungen Freitags hatten nach Fürbitten, Audienzen beim Monarchen in Berlin, Vorträgen und nie erlahmendem Eifer für den Wiederaufbau des Klosters und die Einrichtung eines Museums, verdienten Erfolg. Seine im Jahre 1864 verfaßte Denkschrift über die Zukunft eines den heimatlichen Kunstschätzen gewidmeten Kulturzentrums und die eigenen, mühevoll zusammengetragenen Sammlungen von Skulpturen oder kunstvollen Türen abgebrochener Häuser oder von Beischlägen, führten endlich nach vielen Jahren vergeblichen Unterfangens zur Erfüllung seiner Lebensaufgabe. Im Oktober 1872 wurde der Klosterbau aus den Ruinen zu neuem Leben erweckt, und die Karbrunsche Sammlung holländischer und flämischer Gemälde hielt, zusammen mit den Freitagschen Altertümern und den Werken der Provinz, der Stadt und dem Kunstverein feierlichen Einzug.

Künstlerischer Mittelpunkt

Der Neubau war im wesentlichen auch durch die Klose-Hennings-Stiftung ermöglicht worden und unter der Leitung des Stadtbaurats Licht entstanden. Der Grund für ein Kunst- und Gewerbemuseum war gelegt. Unter hervorragenden Künstlern, Konservatoren und Kunsthistorikern war das Danziger Stadtmuseum über sieben Jahrzehnte ein künstlerischer Mittelpunkt des Danziger kulturellen Lebens, wie es Jahrhunderte zuvor ein religiöser und geistiger Hort und Ausstrahlungszentrum gewesen war. Einen Teil des großen Klostergebäudes nahm schließlich das Realgymnasium von St. Johann ein. Der große Remter lud zu Konzerten, Ausstellungen, Vorträgen und Basaren ein. Mit dem altertümlichen Kreuzgang und dem Klostergarten wurden viele vertraut, die das Museum besuchten und einen Hauch der mittelalterlichen Frömmigkeit, der gotischen Baukunst und innewohnender Geistigkeit als ein unvergeßliches Erlebnis in sich aufnahmen.

Zerstörung und Neuaufbau

Im Zweiten Weltkrieg blieb auch das Klostergebäude nicht verschont. Nach einem Bombardement brannte das Museum fast völlig aus und eine große Anzahl der dort aufbewahrten Kunstgegenstände wurde vernichtet. Allmählich konnte mit dem Wiederaufbau begonnen werden. Das spätgotische Untergeschoß mit Kreuzgang, Refektorium und Bibliothek als Grundstruktur des Baues blieben erhalten. Die erste Ausstellung im «Rekonstruierten Stadtmuseum», wie es zuerst genannt wurde, fand im Mai 1948 statt. Zwei Jahre später wurde der Name in «Pommerellisches Museum» umgeändert, um den regionalen Charakter zu unterstreichen. Der Direktor des Danziger Museums, Zbiory Sztuki, hat in seinem 1969 herausgegebenen Museumsführer an den Bildhauer, Kunstliebhaber und begeisterten Sammler der Danziger schönen Künste, Rudolf Freitag, erinnert, der den gotischen Klosterbau vor seinem Untergang bewahrte und nach zwei Jahrzehnten unermüdlicher Verfechtung seiner Idee eines «Vaterländischen Museums» zum Begründer des Danziger Stadtmuseums wurde.

Im wiederaufgebauten Museum

Das «Nationalmuseum» (Muzeum Narodowe), wie es seit 1972 offiziell heißt, besteht im wesentlichen aus den früheren Sammlungen der Skulpturen-, Gemälde-, Kunsthandwerk-, Möbelbau-, Keramik-, Textilien- und Schmiedekunst. Einige Skulpturen des Artushofes haben hier ein vorübergehendes Domizil gefunden, und ähnliches gilt für sakrale Kunstwerke der Marienkirche. Von den modernen Bildhauern sind zum Beispiel Rodin und Maillol mit Bronzearbeiten vertreten. Auch in der Malerei wird die regionale Kunst in den Vordergrund gestellt: Unbekannte Meister, Anton Möllers Schule, Hans Krieg, die Barockmaler Daniel Schultz, Andreas Stech und Ruthardt, Chodowiecki mit einem Porträt von Anna Czapska und moderne polnische Maler.

Breughel junior und van Dyck, Teniers und de Heem präsentieren die überregionale Kunst. Mit Zeichnungen treten Cranach, Hondius, Holbein, Rembrandt, Tiepolo hervor, von den Modernen Picasso und Chagall.

Ein seltenes Exemplar ist ein Mantel des Danziger Fürsten Swantopolk aus der zweiten Hälfte des 13. Jahrhunderts und Paramente, liturgische Gewänder aus der Schatzkammer der Marienkirche sind kostbarste Stücke. An kunsthandwerklichen Arbeiten aus dem alten Danzig sind Dielenschränke, Vasen, Zinngeschirr, Wandblaker und eine Anzahl von schönen Danziger Kachelöfen ausgestellt.

Die Gemäldegalerie zeigt auch Porträts der Danziger Maler Jakob Wessel, Johann Carl Schultz, Artur Bendrat und Otto Brausewetter. Stryowski ist mit Weichselflößern, Gregorovius mit dem Langen Markt, Karl Scherres mit der Weichsel, Juchanowitz mit dem Artushof, F.E. Meyerheim mit ei-

ner Vedute, Daniel Schultz mit Konstantia Schumann präsent.
Anton Möllers Allegorien und Trachtenbilder, die Porträts der Bürgermeister Linde, Schwarzwald, Engelcke, erinnern an Danzigs Glanzzeiten.
Das Glanzstück des Museums aber ist der von der Marienkirche entliehene Dreiflügelaltar «Das Jüngste Gericht» von Hans Memling. Ich hatte das bekannte Triptychon vor dem Krieg als Stadtführer den Touristen, die damals auf ihren Ostseekreuzfahrten auch Danzig besuchten, gezeigt. Es war einer der Höhepunkte ihres Erlebnisses, das Danzig hieß. Bevor ich das Kunstwerk in Danzig wiedersehen konnte, erlebte ich es in Zürich.

Wiedersehen in Zürich

Es war der letzte Tag der Züricher Ausstellung, und die Menschen drängten sich, wie ich es früher auch in der Reinholdskapelle gewohnt war, um dieses Wunderwerk zu betrachten. Das Altargemälde bildete den Mittelpunkt eines vom Tageslicht durch eine Glasdecke durchfluteten Raumes. Die Betrachter standen ehrfürchtig im Halbkreis um das Triptychon herum und gaben ihrer Bewunderung oder auch Bestürzung lebhaften Ausdruck, in englischer, französischer und deutscher Sprache, aber auch in Schwyzerdütsch! In Danzig trennte den Bildbetrachter der gitterartige Abschluß der Reinholdskapelle vom Memling-Altar, während man in Zürich den Flügelaltar «unter die Lupe» nehmen, also unmittelbar dicht an das Bild herantreten konnte. Golden leuchteten die gelben Messingschalen der Himmelswaage auf, mit welcher der geharnischte Erzengel gelassen wog und die zu leicht Befundenen mit seinem Kreuzesstab zu den Sündern stieß. Über dem auf einem Regenbogen segnenden Christus, dessen Füße den Erdball berühren, weitet sich ein goldenes Himmelszelt in den roten Halbkreisen auf goldenem Grund. Das war einer der ersten Eindrücke.

Wir sind dann in einem Kreis von Raum zu Raum durch die Ausstellung gegangen und wieder zum Ausgangspunkt, der hellen Halle mit dem «Danziger Altar», wie die schriftliche Erläuterung ihn nannte, zurückgekehrt. Die Erläuterung wies darauf hin, daß der Altar seit 500 Jahren zum erstenmal im Ausland ausgestellt würde, und es sei nicht wahrscheinlich, daß dieses Ereignis sich noch einmal wiederhole. Wir standen noch lange davor, und vor unserem geistigen Auge erstand das alte Danzig, die Stille und Geborgenheit der Kirchenschiffe von St. Marien und die schlichte Reinholdskapelle am Eingang der Korbmachergasse. Können Sie sich vorstellen, wie «erhoben» wir waren und wie wir «über dem Boden schwebten»? Es war eine Art glücklicher Heimkehr und eine harmonische Wiedersehensfreude mit dem schönsten Kunstwerk des alten Danzig.

Das Altarbild zeugt von einer ungeheuerlichen Spannung des Welterlebens nach dem irdischen Ende, zwischen Auferstehung und Höllensturz. Es ist erfüllt von einer unaufhörlichen Bewegung und einem Schwebezustand des Werdens und Vergehens. Der Mensch steht im Weltenraum gleichsam zwischen Schrecken und Verzückung, Furcht und Erlösung, in der reinen, verwundbaren Bloßheit des nackten Leibes, nichtig und ohnmächtig vor dem Spruch des Letzten Gerichtes. Drost, der Danziger Kunsthistoriker, schrieb dazu, es sei die «Verbildlichung eines universalen, die Seele erschütternden Vorganges». Und gerade dies schienen die Menschen zu erleben, wenn sie vor das große, über zwei Meter hohe Breitflügelbild traten, das auch in Zürich auf einem etwa ein Meter hohen Podest wie auf einem Altar stand, so daß es bis zu einer Höhe von drei Metern, mit der dominierenden Farbe eines leuchtenden Rubinrots des Mantels Christi, aufzusteigen schien. So wurde man gezwungen, zu dem Bild aufzublicken, und das ist mehr, als ein Bild nur zu betrachten.

Zürich war an diesem spätsommerlichen Sonntagmorgen zu einem Stück Heimat geworden. Wir haben dort den schönsten und kostbarsten Danziger Kunstbesitz wiedergesehen, ein bißchen fassungslos und verwirrt, ob solcher Realität! Wir standen vor jenem Bild, das zu uns vor fast vierzig Jahren zum erstenmal gesprochen und in der Seele den ersten Eindruck der Kunst hinterlassen hatte. So erlebten wir dann später die ganze Stadt als ein einziges Kunstwerk, das, wie mit einem Zauberstab, aus den Jahrhunderten entstiegen und wieder versunken zu sein schien.

Inschriften auf Trinkgefäßen

Die Töpfersprache

Die im Museum ausgestellten Erzeugnisse der Danziger Töpferkunst sind vielfach durch aufschlußreiche und humorvolle Inschriften gekennzeichnet. Auch Tabaksteller, Trinkhorn, Willkomm und Zunftkannen geben, wie die Inschriften auf bunten Fenstern und auf Kachelöfen, einen Einblick in die Vergangenheit des Danziger Volkslebens. Ein Wasser-

kran, als Erzeugnis des Stolzenberger Töpferhandwerks aus dem Jahre 1697, hat die Aufschrift:
«Ich Martin Fehlau wohlbedacht
Hab diesen Wasserkrahn gemacht
Der Meisterin zur Zier und Ehr
Auff Stolzenberg war ich in Lehr.»
Ein größerer Teller der gleichen Zunft aus dem Jahre 1727, mit den beiden Namen Joachim Berlien und Christoff Schüller versehen, hat die Inschrift:
«Ich bin ein (Scherben) von nathur
wer mich zübricht das ist ein Hur.»
Eine Schüssel mit dem Bild einer Schäferszene von 1749 ermahnt:
«Beckröne, Schäfferin dem Coridon das Haupt,
So lang du ungefreut ist wohl der Spaß erlaubt.
Denn sonsten bringet offt die Kurzweil schlechte Ehre, und wann auch gleich die Kron am Kopf unsichtbar wäre.»
Mit einem Spruchrand ist ein Teller aus dem Jahre 1776 versehen:
Er zeigt das Bild eines Holländers an einem Warentisch mit einer Frau dahinter:
«Grossen Herren vnd jvngen Fravwen
Magt man zwar dienen
doch weinig travwen.»
An dem silbernen Willkomm des Gewerks der Schiffszimmerleute sind Schilder mit den Inschriften angehängt:
«Weil ich Gottes gütt thät preisen
Hat sich mein Lehr geendt
macht, das ich den Schiffsbau kennt.
    Samuel Greff 1730
Auf Gott und Glück
Ward ich alle Augenblick.
    Märten Salomon 1722.
Hoffung machet nicht gar zu schanden
ob sie gleich geduld begerd
wen das Böse überstanden
Hört man doch der gutten meer
und wer Canaan will sehen
mus erst durch die Wüste gehen.
    J. G. Möschen 1734»

Eine große kupferne Zunftkanne der Schiffszimmergesellen aus dem Jahre 1728 weist ein Gelübde der Junggesellen auf:
«Nun hab ich ausgelernt und bin ein Junggesell
hilff gott, das ich mich zur Demut stell
auf das Ich noch in meiner Jugent
Zunähmen an verstand und gutte Tugend
Darumb auf godt und seine glick
will ich hoffen all stund und augenblick.«

Schwarzer Humor

Allgemein bekannt waren einst die witzigen plattdeutschen Grabinschriften von Doberan in Mecklenburg. Aber auch in Danzig hatte man jenen makabren, heute sagt man, schwarzen Humor, wie die in das Kirchenbuch eingetragene von St. Trinitatis auf Carl Friedrich Lobeck, gestorben 1772, von seinem Oheim J. R. Hintz verfaßte Grabinschrift beweist:
«Hier liegt ein armer Duddelsack,
in dieser Gruft begraben,
In seinem Leben hatte er die wohlbekannten Gaben.
Er trank ein Gläschen wohlgemuth und spielte Tokodill,
Er trank, solang er trinken konnt

bis er saß steif und still.
Und wenn er an zu gehen fing, ließ er sich doch nicht führen.
Sein Geist war einfach und warum?
Er scheute das Studieren.
Und war sein Einsicht nicht sehr tief, voll Witz und hohem Denken,
so lebt er jedoch vergnügt, ohn sich gar sehr zu kränken.
Jetzt ruft er seinen Freunden zu:
Ach, Freunde, bleibt beim Trinken!
Ihr werdt zuletzt, doch, so wie ich,
in eurer Grube – stinken.»
(Toccadille war ein aus dem Spanischen kommendes, seit dem 16. Jahrhundert weit verbreitetes Brettspiel.)
Ein anderes Beispiel derb-humoristischer Grabinschriften findet sich in einer Curicke-Handschrift auf den im Jahre 1708 verstorbenen Schöppen Nathanael Buttner:
«Fragst du mein Wandersmann
wen dieser Stein bedeckt,
der ist's dem Rummeldeiß
und Wein so wohl geschmeckt.
Die weil er aber noch
zu wenig hat getrunken
Ist ihm vor Durst der Halß
und Magen eingeschlunken.«
(Rummeldeiß war ein damals bekanntes und gern getrunkenes Braunschweiger Bier.)

Die Petrikirche und die Patrizier

Der an das Ritterschloß des Ordens erinnernde Glockenturm von Sankt Peter und Paul (Kościół Św.-Piotra-i-Pawła) beherrschte diesen «Vorstadt» genannten Stadtteil, als er noch die gewaltige Ansammlung sich kreuzender und querender Gassen mit ihren schmalen Giebelhäusern um sich scharte. Heute ist seine architektonische Bedeutung von einst dadurch verlorengegangen, daß die modernen weißen Kuben von Wohnhäusern ihn zu erdrücken drohn. Die Petrikirche war bis vor wenigen Jahren noch eine unbedeckte Ruine. Erhalten sind nur die Gewölbe des Nordschiffes und der Sakristei. Jetzt befindet sie sich im Wiederaufbau und wird wohl damit die Restauration der zerstörten Kirchen beschließen, denn Sankt Salvator, auf Petershagen gelegen, wird wegen der völligen Vernichtung nicht wieder aufgebaut werden. Sankt Petri war in den vergangenen Jahrhunderten Mittelpunkt der französischen Gemeinde, wie Daniel Chodowiecki es in seinem Reisetagebuch geflissentlich vermerkte. Seine Mutter war eine französischsprechende Schweizerin. Obgleich der Familienname auf eine polnische Herkunft hindeutet, wurde der berühmte Kupferstecher zweisprachig erzogen, deutsch und französisch. Später waren hier die Gottesdienste der Reformierten. Unter den Grabplatten liegen die aus den Niederlanden eingewanderten Patrizierfamilien der Frede, Soermans, Uphagen und der Kupferstecher Jeremias Falck, der aus Hamburg kam und die bekannte Familie Falk begründete, aus der auch der Dichter und Goethebiograph Johannes Falk hervorging. In der dieser Zeit vorausgegangenen katholischen Ära, also vor der Reformation, bekleideten an der Petrikirche die beiden Fürstbischöfe vom Ermland, Moritz Ferber und Tideman Giese, Danziger Patriziersöhne, Pfarrstellen. Von Anton Möller ist ein Porträt Moritz Ferbers überliefert, das im Museum des Franziskanerklosters (Muzeum Narodne) zu sehen ist, während das viel bekanntere Porträt des Kaufmanns Georg Giese, das Holbein 1532 im Kontor des Londoner Stahlhofs malte, den Neffen von Tideman darstellt. Es sind typische Danziger Gesichter, deren wache Dynamik ausgeglichen wird von dem Selbstvertrauen einer tief in sich ruhenden Persönlichkeit. Dieses Bewußtsein seiner selbst hat Johannes Falk einmal in die auf den eingeborenen Geist des Widerspruchs hinweisenden Worte gekleidet: «Ich bin ein echtes Danziger Kind und widerspreche selbst einem Goethe!»

An den Bastionen

Nach dem Besuch des Stadtmuseums und der Petrikirche begeben wir uns auf einen Spaziergang vorbei am Weißen Turm (Biała Wieża) und über den Wallplatz (Plac Wałowy) zum Leege Tor (Brama Nizinna). Es ist das einzige erhalten gebliebene Torgebäude, das heute noch von den Wällen eingefaßt wird, die zu Beginn des 17. Jahrhunderts zur Befestigung der Stadt angelegt und in zackenförmige «Bastionen» gegliedert wurden. Sie waren nur durch Zugbrücken zugänglich, welche über die zur Verteidigung angelegten Wassergräben geführt wurden. Das Leege Tor liegt eingeschlossen von der Bastion Gertrud (Bastion Św. Gertrudy) und der Bastion Maidloch (Bastion Zubr). Hier im äußersten Südosten der Stadtbefestigung haben sich noch vier weitere Bastionen erhalten, mit den ursprünglichen Namen «Wolf» (Bastion Wilk), «Aussprung» (Bastion Wyskok), «Bär» (Bastion Miś) und «Kaninchen» (Bastion Królik), jetzt wörtlich in die polnische Sprache übertragen. Diese in der Welt einzigartige Wehranlage sollte auch als Baudenkmal für die Zukunft erhalten bleiben und auch nicht dadurch gefährdet werden, daß man Neubauten in das vor sie liegende Gelände in Richtung nach Groß Waldorf stellte.

Der Name des Tores hängt mit seiner geographischen Lage, als Ausgang zur Niederung zusammen (leege = nieder). Es wurde 1626 von dem Stadtbaumeister Hans Strakofski (der sich auch Strackwitz nannte) erbaut. Im Auftrag des Rates hatte er sich in Niederdeutschland und Holland weitergebildet und war später auch mit Restaurationsarbeiten am Stockturm, der Peinkammer und dem Königsspeicher beteiligt. Die Fassade des Leege Tores knüpft an italienische Vorbilder an. Beachtenswert sind auch die Türflügel mit antiken Schlössern und die wuchtige Rustikafassade der Außenseite.

Sein Sohn, Georg, entwarf als Festungsbauingenieur Befestigungsentwürfe für den Hagels- (Grodzisko) und Bischofsberg. Er ist der Erbauer des Kleinen Zeughauses (Mały Zbrojownia) auf dem Wallplatz, das sich durch schöne Kartuschen mit dem Danziger Wappen und Hausteinarbeiten an den Portalen auszeichnet. Der Weiße Turm als Rest des Neuen Tores von 1461 und der Trumpfturm (Baszta pod Zrębem) gehörten noch zur ersten Stadtmauer. Sie wurden im 17. Jahrhundert als Pulvertürme benutzt. Danzigs militärische Stärke erwies sich im Dreißigjährigen Krieg und bei der Belagerung durch polnische Heere unter König Bathory. Wie weit der Ruhm der kriegerischen Tüchtigkeit reichte, die sich allein im Verteidigungsbereich abspielte, macht eine Korrespondenz der Danziger mit Wallenstein und Graf von Pappenheim deutlich. Pappenheim bot Danzig seinen Rat und seine Mitwirkung bei dem Ausbau der Verteidigung gegen die Schweden an. Wallenstein wendet sich am 10. März 1630 an den Danziger Obristen Hatzfeld und erklärt sich bereit, militärischen Rat und Unterstützung zu erteilen.

Alte Türme am Stadthof

Die Entdeckung von drei alten Wehrtürmen mit Fragmenten der Stadtmauer können wir am Stadthof machen, neben dem bis zu ihrer Abtragung im Jahr 1939, nach dem erzwungenen Verkauf, der mächtige Kuppelbau der Synagoge stand. Im Stadthof befanden sich die Pferdeställe, Remisen und Wirtschaftsgebäude der mittelalterlichen Stadt. Die Figur eines Pferdes auf dem First des westlichen Giebels deutet darauf hin. An dieser äußersten westlichen Ecke der Rechtstadt standen auch ein Münz- und ein Zeughaus. In den wiederaufgebauten Flügeln sind jetzt der Presse- und Buchverlag «Ruch» und das

38 *Die Kleine Mühle und das «Heveliushotel». Eine bauliche Polarität wie man sie exemplarischer kaum empfinden kann. Eine zeitliche Differenz von 500 Jahren! Mittelalter und Neuzeit, eingerahmt von besänftigendem Chlorophyll.*

39 *«An der Großen Mühle» mildert das Grün eines lichten Sommerabends die Trauer um eine verlorene Gasse. Sommerliche Abendstunde unter den Turmspitzen von St. Brigitten und St. Katharinen.*

◁ 40 *Altes Lazarettgebäude am Lazarettgang. Durch die freigelegte südliche Häuserreihe des Altstädtischen Grabens sichtbar geworden. Am linken Bildrand Mauerfragmente der 1343 begonnenen ersten Stadtmauer und eine Andeutung des Schwanenturms am Fischmarkt.*

41 *Panorama des alten Innenhafens der Stadt an der Mottlau von der Grünen* ▷ *Brücke aus gesehen. Mit Archäolog. Museum, Krantor und Bleihofinsel. Von den Speichern der Speicherinsel (rechts im Bild) blieb nur «Deo Gloria» vor der Vernichtung im März 1945 verschont. Heute legen die Fahrgastschiffe der «Weißen Flotte» hier an, um die Fahrgäste nach Zoppot, Gdingen und Hela zu bringen.*

49

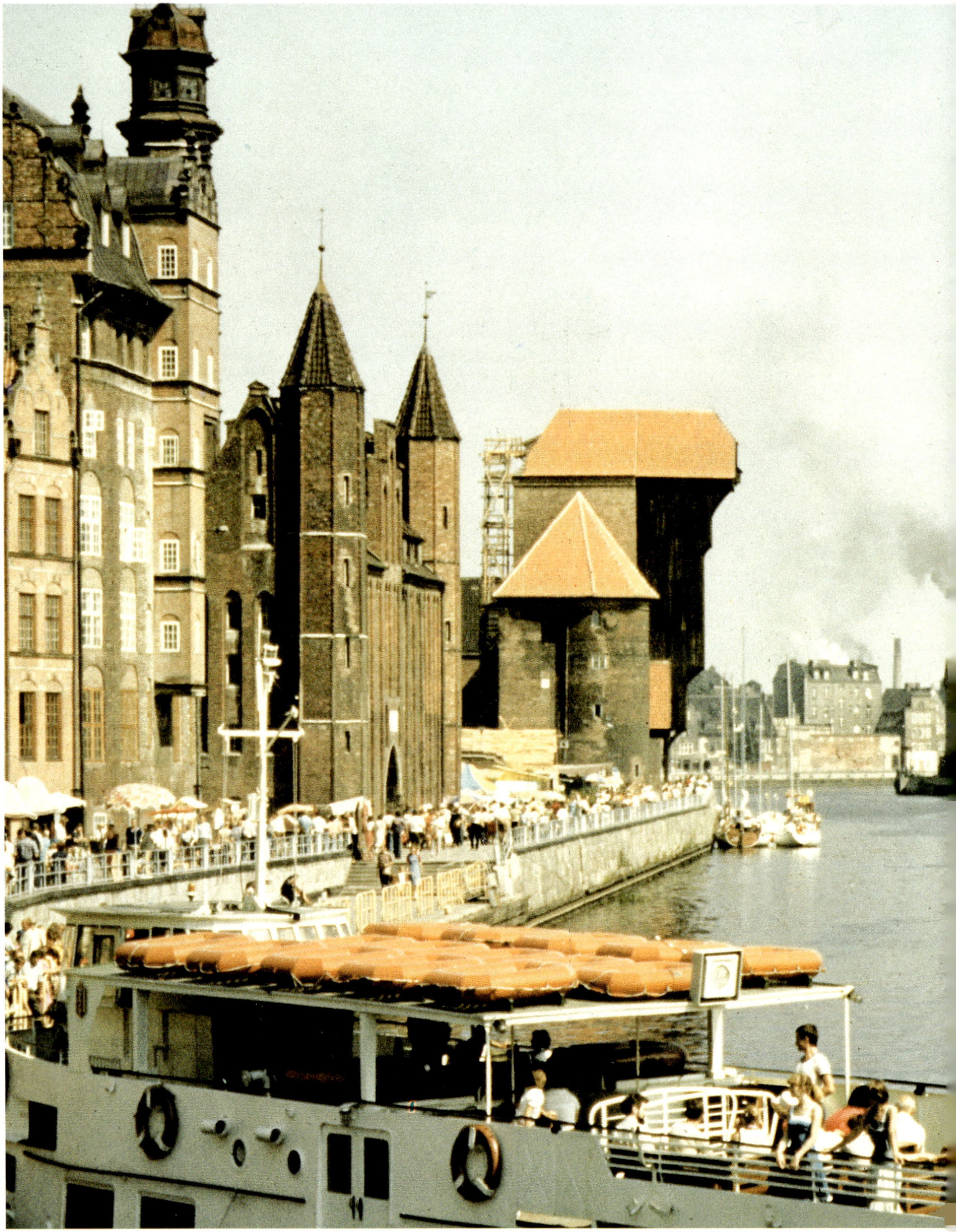

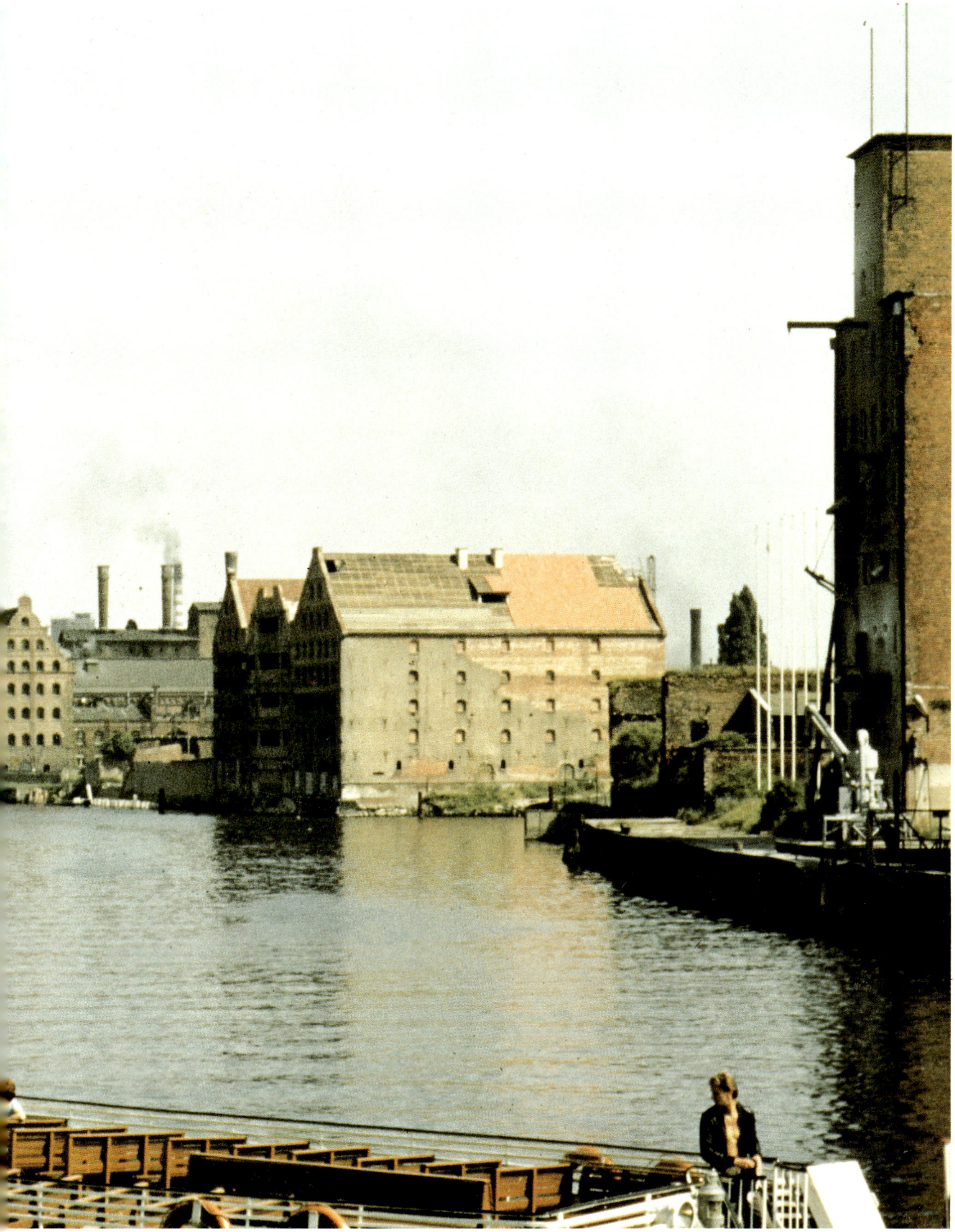

42 *Blick auf die Elisabethkirchengasse von der Weißmönchenkirchengasse aus gesehen mit Hospitalgebäude und Pfarrhportal von St. Joseph, der ehemaligen Karmeliter-(oder Weißmönchen-)Kirche.*

◁
43 *Altarbild Anton Möllers der Kreuzigung mit der Vedute von Danzig in der Katharinenkirche.*

44 *Interieur von St. Brigitten nach der Rekonstruktion.* ▷

45 *Langgarten mit Barbarakirche im Wolkenkleid.*

46 *Kanzelhaus an der Trinitatiskirchengasse vor dem backsteinernen Filigran der gotische Westgiebel von St. Trinitatis.*

Folgende Seiten:

47 *Melancholisches Ambiente der Altstadt an der ehemaligen Gasse mit Namen «Pferdetränke». Viele Gassen der Altstadt verwandelte der Krieg, wie hier, in Grünflächen. Das einzige überkommene Haus an der Pferdetränke ist dieses zierliche Fachwerkhäuschen, heute eine Weinstube, nahe beim Heveliushotel. Links im Bild St. Brigitten mit einem der Klosteranbauten, rechts der charakteristische, die Vedute der Altstadt bestimmende Glockenturm von St. Katharinen nach der Restauration.*

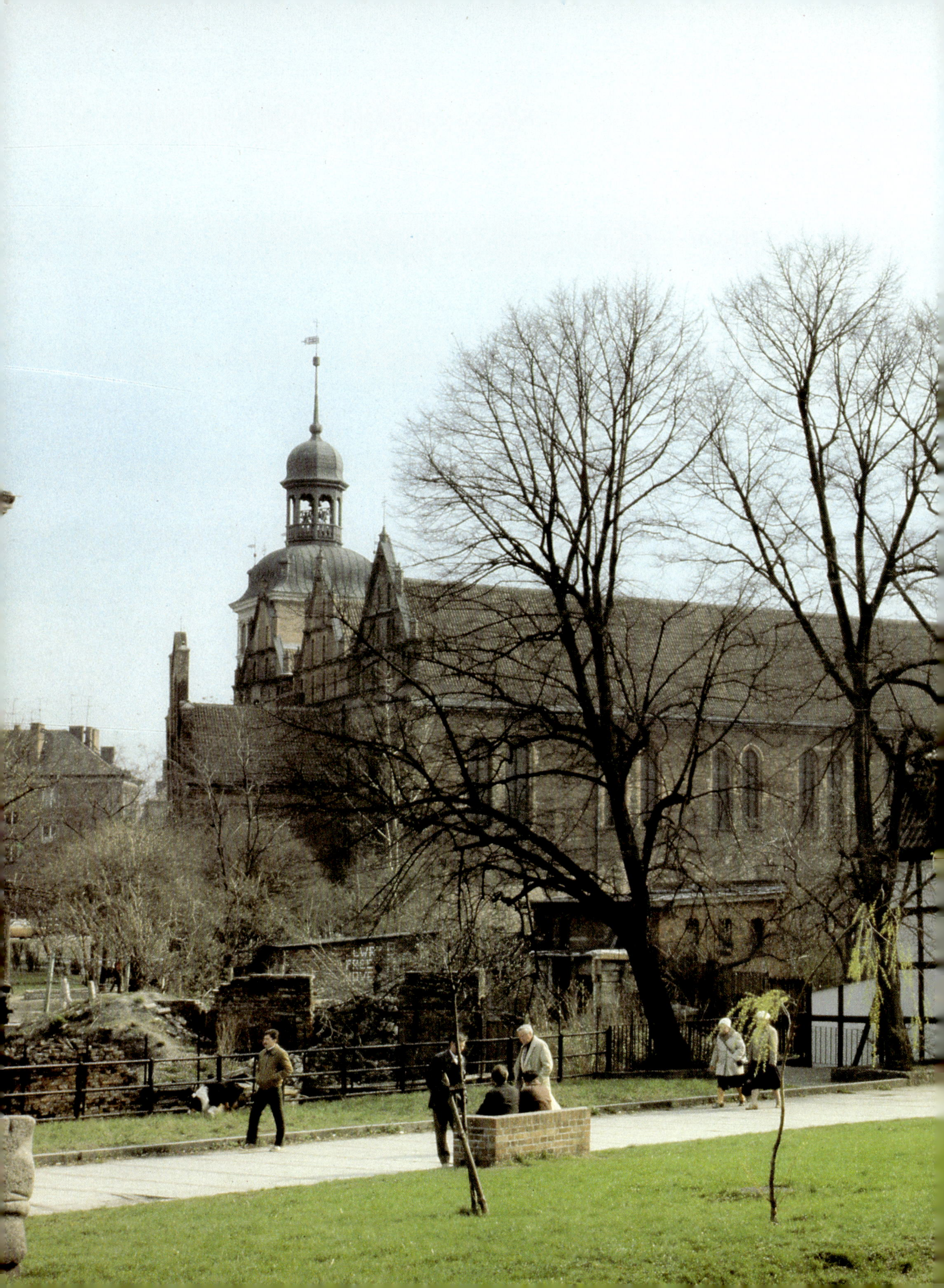

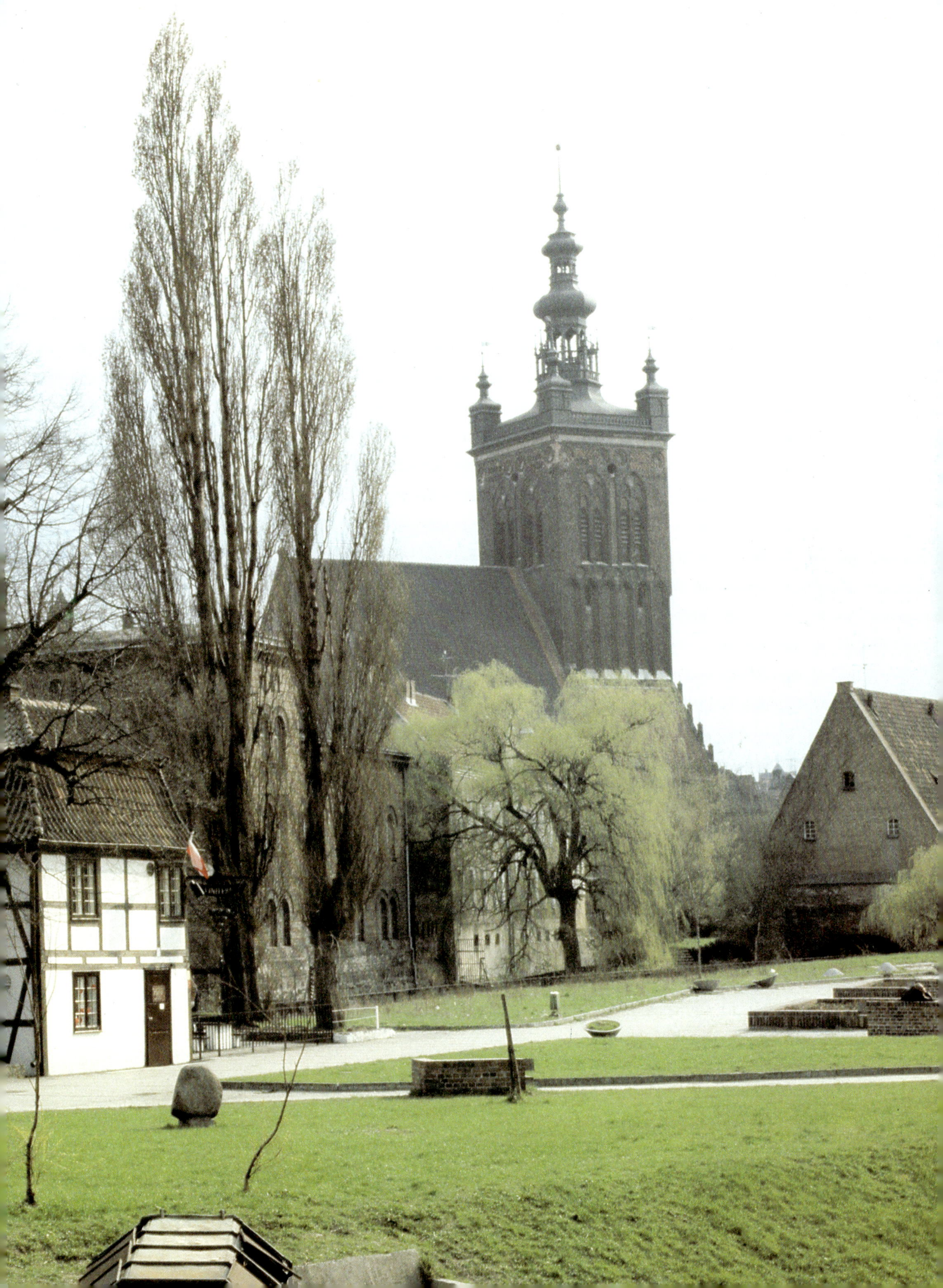

48 *Elisabethaltar, um 1400. Schrein mit Pietà und weiblichen Heiligen. Auf den Seitenflügeln Darstellungen der Dornenkrönung, Geißelung, Grablegung und Auferstehung Christi (Nationalmuseum).*

49 *Der Dreiflügelaltar aus der Reinholdskapelle der Marienkirche von Hans Memling (1469/72). Das bedeutendste Kunstwerk der Stadt ist «Das Jüngste Gericht» mit dem Mittelbild: «Wägung der Auferstandenen» und den Seitenflügeln, «Aufstieg der Auserwählten ins Paradies» und «Höllensturz der Verdammten» (Nationalmuseum).*

«Haus des Pfadfinders» in die mehr als dreihundertjährigen Mauern eingezogen. Sie werden würdevoll flankiert von den drei wiedererstandenen Zeugen Altdanziger Wehrhaftigkeit aus der Ordenszeit, dem Brauerei-, dem Schultz- und dem Eckturm. Hier wurde im Jahr 1343 der erste Grundstein für die Stadtmauer gelegt, die wie ein magisches Quadrat die Rechtstadt umrahmte und deren Fragmenten wir wiederbegegnen werden am Kohlen- (Targ Węglowy) und Holzmarkt (Targ Drzewny) und am Altstädtischen Graben. Dort lagen sie länger als ein Jahrhundert hinter den Wohn- und Geschäftshäusern verborgen, die dann 1945 der Kriegsbrand verheerte.

Eine besondere Ehrung hat sich die polnische Denkmalpflege für Johann Carl Schultz einfallen lassen, dem wir bei unserem Rundgang als mutigen Kämpfer für die Erhaltung des Altdanziger Stadtbildes bereits begegneten. Der Hauptbau des Stadthofes war in der zweiten Hälfte des 19. Jahrhunderts auf Anordnung der Stadtverwaltung abgetragen worden. Bei der Rekonstruktion der Rechtstadt wurden von den Konservatoren teilweise auch mittelalterliche Bauten mit einbezogen. Zur Erinnerung an Johann Carl Schultz, als eines hervorragenden Künstlers, dessen Radierwerk «Danzig und seine Bauten» zu den besten Darstellungen des älteren Stadtbildes gehört, trägt der wiedererrichtete Hauptturm heute seinen Namen. «In Anerkennung der Verdienste dieses großen Bürgers der Stadt Gdańsk», schreibt Lech Krzyżanowski in seinem Buch «Führer durch die Dreistadt», «beschlossen die Konservatoren, die Bastei zu rekonstruieren und sie nach ihm zu benennen. Die Einwohner von Gdańsk sind im Geiste der Achtung für die Geschichte ihrer Stadt und deren beste Männer erzogen worden und wissen die großen Werte voll zu schätzen.»

50 *Winterplatz mit Städtischem Gymnasium und Gebäude «Landessender Danzig».*

51 *Fleischergasse mit Fragment der Wiebenkaserne und dem «Weißen Turm» der alten Stadtbefestigung.*

Die Schätze der Synagoge

Mit den Schätzen der Danziger Synagoge verbindet sich heute die Vorstellung einer Odyssee. Im «Jüdischen Gemeindeblatt» der Synagogen-Gemeinde zu Danzig vom 14. April 1939 wird zum letzten Gottesdienst eingeladen und das Ende der Großen Synagoge beschrieben. «Mit der Gemeinde sinkt auch ihr stolzer Tempel in den Schutt», so heißt es im Leitartikel, «seine Zeit ist dahin, nachdem seine Träger sich in alle Welt zerstreut haben.» Der Polizei-Präsident von Danzig hatte mit amtlichem Schreiben vom 21. Januar 1939 der Synagogen-Gemeinde mitgeteilt, «daß ich polizeilicherseits keine Bedenken gegen die Überführung der Sammlung der jüdischen Kultgeräte der Großen Synagoge nach Amerika zu erheben habe, vorausgesetzt, daß der Erlös dem Auswanderungsfonds der jüdischen Gemeinde in Danzig zur Verfügung gestellt wird». Die Synagogenschätze wurden auf diese denkwürdige Weise vor ihrer kaum mehr abwendbaren Vernichtung bewahrt und gerettet.

In seinem Roman «Aus dem Tagebuch einer Schnecke» hat Günter Grass auch das Schicksal der jüdischen Gemeinde in Danzig in der Person des Studienassessors Ott, genannt «Zweifel», nachgezeichnet. Für Danzig und die Geschichte seiner Juden hatte der Roman einen überraschenden Nebeneffekt. Es ist die Wanderausstellung: «Danzig 1939: Schätze einer zerstörten Gemeinde», die 1982 zuerst in den Vereinigten Staaten von Amerika, dann in Braunschweig

52 *Die im Jahr 1939 nach dem erzwungenen Verkauf abgetragene Synagoge an der Reitbahn.*

und Bonn und Anfang 1983 in der Paulskirche zu Frankfurt gezeigt wurden. Grass selbst schrieb einen Beitrag für den Katalog unter dem Titel: «Wie sagen wir es den Kindern.» Im Vorwort weist Joy Ungerleider-Mayerson, die damalige Direktorin des Jüdischen Museums in New York, auf die Begegnung mit Grass hin, «ein gebürtiger Danziger, der bei uns zu Gast war und, nachdem er die Sammlung gesehen und erfahren hatte, wie sie ins Museum gelangt war, sich bereit erklärte, einen Beitrag für diesen Katalog zu verfassen».

Im gleichen Ausstellungskatalog berichtet Elisabeth Cats über den Danziger Korngroßhändler und Kunstsammler Lesser Gieldzinski und über die Lösung des «Rätsels um Gieldzinski» vom Jüdischen Museum in New York. Hier lagerten jahrzehntelang die Schätze der jüdischen Gemeinde von Danzig: «Es war im Sommer 1976. Eine Frau klopfte an die Tür des Jüdischen Museums von New York, eine Stunde vor der Öffnungszeit. Als man sie abweisen wollte, gab sie sich recht beharrlich und erklärte in stockendem Englisch, daß sich die Danziger Sammlung ihres Großvaters im Museum befände. Rita Gieldzinski-Palester, Enkeltochter Lesser Gieldzinskis, wurde glücklicherweise eingelassen. Sie erzählte uns, daß sie mit ihrer Familie in Buenos Aires lebe und daß sie sich zu einem Kurzurlaub in New York aufhalte.

Ein Freund habe ihr zum Abschied das Buch von Günter Grass ‹Aus dem Tagebuch einer Schnecke› geschenkt, in dem erwähnt ist, daß die Gieldzinskische Sammlung gerettet wurde und sich im Jüdischen Museum in New York befände. Sie lüftet das ‹Rätsel ihres Großvaters›, wer er war, wie es zur Sammlung der Schätze und ihrer Stiftung an die Danziger Synagoge kam.» Günter Grass hat so, mit seinem Roman, die in New York vergessenen Schätze mittelbar über diese Leserin, der Enkeltochter des Mäzens, aufgespürt und damit zur Wanderausstellung: «Danzig 1939: Schätze einer zerstörten Gemeinde» seinen Teil beigetragen.

53 *Das «Leege Tor» in der Niederstadt, zwischen den Wällen der «Bastion Gertrud» und der «Bastion Maidloch».*

Wall-Straßen

In den letzten hundert Jahren hat das Stadtbild von Danzig sich durch willkürliche und kriegerische Einwirkungen wiederholt gewandelt. Während im Südosten die Wälle, Bastionen und Wassergräben der einstigen nach französischen und holländischen Vorbildern angelegten Festung heute noch bestehen, wurden sie um die Jahrhundertwende im Westen und Nordosten geschliffen. Die Wälle wurden abgetragen, die vor ihnen verlaufenden Wassergräben zugeschüttet. Übriggeblieben sind nur wenige Tore und Türme der mittelalterlichen Befestigung. Auf den geräumten Flächen entstanden breite Straßen, die die Namen der früheren Bastionen und Tore annahmen: Wiebenwall (Okopowa), Karrenwall (Okopowa), Dominikswall (Wały Jagiellońskie), Elisabethwall (Wały Jagiellońskie) und Stadtgraben (Podwale Grodskie). Man kann die neuen Straßen entfernt etwa mit den breiten Pariser Boulevards vergleichen, um sich ihre Pracht und Ausdehnung vorzustellen. Diese zum Westen hin überwiegend offenen Verkehrsadern schlossen auf ihrer östlichen Seite moderne Verwaltungsbauten im Stil der Neorenaissance ein. Das Polizeipräsidium, die Landesversicherungsanstalt, das Gebäude der Bank von Danzig und das Hotel «Danziger Hof».

Die Wohnhäuser entstanden im Historismus- und Jugendstil der Wilhelminischen Ära. Sie waren von elegantem und exklusivem Wohnwert, teuer ausgestattet und bevorzugt von Offizieren und dem gehobenen Mittelstand, preußischen Beamten und Kaufleuten bewohnt.

54 *Am Danziger Hauptbahnhof mit der neugebauten Unterführung.*

55 *Das frühere Palais «Generalkommando» an der Silberhütte ist heute ein Studentenclubhaus.*

Die vielen die Dachfirste schmükkenden Türmchen waren eine Reminiszenz auch an den alten Danziger Baustil. Auf der sonst von der Bebauung ausgenommenen westlichen Seite zum Bischofs- und Hagelsberg hin, entstanden das Palais an der Silberhütte, als Generalkommando, gegenüber dem Eingang zum Holzmarkt, wo im Mittelalter das Gertrudentor sich erhob. Gegenüber der Elisabethkirche (Kościół Św. Elżbiety) und dem Kaschubischen Markt wurde im Dezember 1900 das Empfangsgebäude des neuen Danziger Hauptbahnhofs (Dw. Gdańsk Główny) mit dem charakteristischen Uhrenturm eingeweiht. Später kam der monumentale Neubau der Feuersozietät an der Elisabethkirche hinzu. Am Ende des Zweiten Weltkrieges schwer zerstört, hat sich dieses Stadtbild zum Teil sehr stark verändert, denn von den Wohnhausbauten entlang der alten Wallgegend blieb nichts mehr erhalten. Hier also erscheint das Stadtbild, jetzt ohne Wälle und Gräben, wie in der Zeit vor der Jahrhundertwende. Überlebt haben die Kriegseinwirkungen der Hauptbahnhof, die Bank von Danzig, das Polizeipräsidium, die Landesversicherungsanstalt und das Palais an der Silberhütte.

Der Völkerbundskommissar

Das Gebäude wurde auf dem Grund des geschliffenen Festungsgürtels im Jahr 1901 als Generalkommando für den Kommandierenden General des 17. Preußischen Armeekorps errichtet. Bis zum Ersten Weltkrieg hat hier der Generalfeldmarschall von Mackensen gewohnt. Seit dem Jahr 1919 diente es als Residenz der Hohen Kommissare des Völkerbundes, des Sir Reginald Tower, Attolico, Generalleutnant Haking, MacDonell, van Hamel, Graf Gravina und Sean Lester, der wegen Auseinandersetzungen mit der neuen nationalsozialistischen Regierung in Danzig seinen Rücktritt erklärte. Von 1937 bis 1939 vertrat der schweizerische Diplomat Carl Jakob Burckhardt den Völkerbund als Hoher Kommissar in Danzig. Burckhardt schildert in seinen Publikationen unter anderem den schwierigen Alltag des Hohen Kommissars in Danzig und in lebensvollen Bildern die tragische Entwicklung in den beiden letzten Vorkriegsjahren. Der Hohe Kommissar war bei den Streitigkeiten zwischen der Freien Stadt Danzig und Polen erste Instanz, während der Völkerbund selbst, vor dessen Forum manche dramatische und auch tragikomische Szene ablief, in letzter Instanz entschied.

Das Danzig-Statut

Mit dem Versailler Vertrag vom 28. Juni 1919 wurde die Eigenstaatlichkeit des Gebiets der Freien Stadt Danzig festgeschrieben. Danzig trat unter den Schutz des Völkerbundes. Die von diesem garantierte Verfassung hielt nicht immer der politischen Entwicklung stand, die in wenigen Jahren zum Ausbruch des Zweiten Weltkrieges führte. Burckhardt schildert diese Entwicklung minuziös mit der Authentizität eines der maßgebenden Zeitzeugen. Die Verwicklungen der Flottenbesuche, die Rivalität zwischen dem nationalsozialistischen Senatspräsidenten Greiser und dem als «Vizekönig» agierenden Parteiführer Forster, den sich zuspitzenden Konflikt in den letzten Wochen und Tagen vor Kriegsausbruch auf einem internationalen Parkett. In seinem Bericht «Meine Danziger Mission 1937–1939» spricht er von seiner eigenen Machtlosigkeit am Ende der «unglücklichen und zuletzt unheilvollen Episode der Freien Stadt Danzig» und zitiert den polnischen Außenminister Jozèf Beck mit den Worten: «Das Statut der Freien Stadt Danzig war zweifellos die bizarrste und komplizierteste Schöpfung des Versailler Vertrages.» Die Siegermächte von 1918 haben die Danziger Bevölkerung nicht nach ihrer Meinung befragt und ihr das Recht auf die Abhaltung eines Plebiszits verweigert, das man der Saarbevölkerung zugestand. Er zitiert den französischen Botschafter in Berlin, Coulondre, der in seinen Memoiren auf diese gefährliche Lage hinwies, indem er ausführte, das deutsche Volk habe sich offensichtlich mit der Rückkehr des Elsaß an Frankreich abgefunden, «daß es ihm aber unmöglich gewesen sei, die Verstümmelung seiner Ostgebiete anzuerkennen». Burckhardt deutet darauf hin, «daß es eine Danziger Bevölkerung gab (bestehend aus 96% Deutschen und 4% Polen), über welche man, entgegen allen Grundsätzen, einfach verfügte».

Er hat in eigener Initiative zweimal über eine Audienz beim Reichskanzler Hitler versucht, zu retten, was zu retten war. Zuerst am 20. September 1937 und dann wenige Wochen vor Kriegsausbruch, als Hitler ihn mit seiner Privatmaschine von Danzig abholen ließ, um ihn auf dem Obersalzberg in seinem «Adlerhorst» zu empfangen. Burckhardt zeichnete das Gespräch auf und übergab es zwei Tage später in Basel den beiden Vertretern von Lord Halifax und von Minister Georges Bonnet. Er kehrte trotz aller Friedensbemühungen hoffnungslos nach Danzig zurück. Am Vorabend des Ausbruchs des Zweiten Weltkrieges empfing er den Kommandanten des Linienschiffes «Schleswig Holstein», das in Neufahrwasser bei Danzig, direkt gegenüber dem polnischen Munitionsdepot auf der «Westerplatte», vor Anker gegangen war, in seinem Palais an der Silberhütte. Der vertraute sich ihm mit den Worten an: «Ich habe einen furchtbaren Auftrag, den ich vor meinem Gewissen nicht verantworten kann.»

Am frühen Morgen des 1. September 1939 hat der Kommandant seinen Befehl ausgeführt.

Ich wurde an diesem frühen Morgen von Geschützdonner aufgeweckt und habe wenige Stunden später vor unserem Haus in der Einhornstraße die ersten Sanitätskraftwagen auf die Schule Althof an der Breitenbachbrücke zufahren sehen, die als ein provisorisches Lazarett die ersten Verwundeten des Zweiten Weltkrieges aufnahm.

Das Fließende

Burckhardt hat in seinem anderen Buch, «Begegnungen», der von ihm bewunderten Stadt seine Reverenz erwiesen. Als Symbolfiguren wählte er für den guten Geist ihrer Bewohner drei Gestalten aus und schildert sie in dem Essay «Erinnerungen an Osteuropa». Die eine, ein Anonymus, versorgte ihn mit Aphorismen aus «Grazians Handorakel». Dem zweiten, einem Diplomaten, galt seine Sympathie, dem Weisen seine Ehrfurcht. Er lernte die ihn bezaubernde Stadt als «eine der schönsten des nordöstlichen Europa kennen: musikalische Plätze, geschmückte Straßenzüge, breite, barocke, aber auch gotisch enge Gassen, die sich um die Festung, die feste Burg, die Kathedrale, die trotzige Marienkirche drängten». Er bewundert die gewaltigen, altertümlichen Speicher und Handelshäuser, Flüsse und Grachten, auf der Suche nach einem Gesicht, «in welchem ein Lächeln, flüchtig genug, vorübergeglitten wäre». Er rühmt auch den noch lebendigen alten «Danzigergeist» derjenigen, die gegen den Strom schwimmen, und schildert das Raum- und Klangerlebnis eines nächtlichen, heimlichen Orgelkonzerts in der Marienkirche mit dem damaligen Leipziger Thomaskantor Günther Ramin, der zum erstenmal die neue Orgel ausprobierte, die dann auch ein Opfer des Krieges zu werden bestimmt war.

Der Weise, dem er hier begegnete, ist Arthur Schopenhauer. Er vergleicht ihn mit Platon, für den, wie für ihn selbst, «die Dinge dieser Welt kein wahres Sein besäßen, strömend, fließend und sich ständig wandelnd blieben, dem Zustand der Erkenntnis in ihrer Vielheit sich beständig entziehend».

Das Langgasser oder «Goldene Tor» (Brama Złota)

Wenn wir vor der Innenseite des Langgasser Tores stehen, empfinden wir, daß dieser Kunstbau ein architektonischer Abschluß der Langgasse ist, wie man ihn angemessener sich kaum vorstellen könnte. Er entstand zu Beginn des 17. Jahrhunderts von Abraham von dem Block, als ein Torgebäude in der Höhe von zwei Stockwerken. Das Obergeschoß ist als Festsaal gedacht und wird heute als eine Galerie für Kunstausstellungen genützt. Es gleicht teils einem römischen Triumphbogen, teils einem Palazzo. Peter Ringering schuf die acht Frauenstatuen, allegorische Bildsäulen auf der Balustrade des Tores. Wenn wir nun durch den Mittelbogen des Tores hindurchgehen, um die Langgasse zu verlassen, lesen wir unter den drei Torbogen die Mahnung, einig zu sein und keine Zwietracht zu dulden, welche die großen Staaten zugrunde richte, während die kleinen in Eintracht gedeihen («Concordia res publica parvae crescunt, discordia magnae concidunt»). Auf der Außenseite des Tores, vor dem Stockturm, sehen wir in den Statuen der «Freiheit», des «Friedens» des «Ruhmes» und des «Reichtums», Geisteshaltungen der Danziger wieder aufleben. In deutscher Sprache erinnert uns noch heute eine merkwürdige Inschrift an die Frömmigkeit der alten Danziger, die sie ihren Besuchern wie eine Morgengabe ins Gedächtnis rufen als ihren eigentlichen Wahlspruch: Der 122. Psalm: ES MÜSSE WOHL GEHEN, DENEN, DIE DICH LIEBEN. ES MÜSSE FRIEDE SEIN INWENDIG IN DEINEN MAUERN UND GLÜCK IN DEINEN PALÄSTEN.

Unser Rundgang führt uns nun weiter auf den Kohlenmarkt, den alten Theaterplatz Danzigs und früheren Dominiksplan (Targ Węglowy), aber die Worte des Psalms klingen noch lange in uns nach.

Die Georgshalle (Dwór Bractwa Św. Jerzego)

Der heilige Georg ist im Mittelalter die Hauptfigur und das Leitbild christlichen Rittertums, zugleich aber auch Inbegriff streitbarer Gläubigkeit. Die Fama beschreibt ihn als Märtyrer aus dem römischen Heer, der bei den Christenverfolgungen unter Kaiser Diokletian hingerichtet wurde. Im Osten wird er als Vorkämpfer des Glaubens und Verteidiger der Kirche verehrt, wie auch als Patron der Bauern, Reiter und Soldaten, als Beschützer vor Krankheit und als Vorbild an Tapferkeit. Seine Rolle im Kampf von Gut und Böse findet Ausdruck in dem legendären Bild des Drachenbesiegers und des Erretters einer königlichen Jungfrau.

Mit einer dem heiligen Georg gewidmeten Halle wurde 1489 ein neues Klubhaus der Georgenbrüderschaft, die aus elitären Erwägungen dem Artushof am Langen Markt entsagte, als Ziegelrohbau des Danziger Münzmeisters Hans Glothau, auf dem alten Schießplatz der Brüderschaft errichtet. Das harmonisch wirkende spätgotische Gebäude steht in einem bizarren Gegensatz zu dem unmittelbar an seine Südfront sich anschließenden Langgasser Tor, das in der Fülle und dem Überfluß seiner beschwingten, aufheiternden Verkleidung der italienischen Renaissance nachempfunden ist. Die Halle selbst ist ein Backsteinbau, von strenger, gotischer Formauffassung gezeichnet, welche der der alten Kirchen entspricht, deren Äußeres wiederum seinen Formencharakter dem wehrhaften Stil der Ordensburgen entlehnt. Unter einem gewalmten Ziegeldach liegt der Gesellschaftsraum über der offenen Halle im Erdgeschoß, von einigen Rundbogen aufgelockert. Die Spitze des Daches trägt einen unverhältnismäßig großen Turm, den die vergoldete Figur des Schutzpatrons der Georgenbrüderschaft, der heilige Georg, mit dem Lindwurm, überragt. Die Originalfigur wird heute als Museumsstück in den Räumen des Nationalmuseums (Muzeum Narodowe) in der Fleischergasse aufbewahrt. Dort zeugt auch eine Erztafel für die Zeit der Errichtung dieses neuen Hofes der Georgenbrüderschaft. Die Ostwand des Gebäudes ruht auf der alten Stadtmauer. An der Stelle des alten Langgasser Tores, das einst «Hohes Tor» hieß, wurden bei Abbrucharbeiten, zu Beginn des 20. Jahrhunderts, Baureste des alten Stadttores aus der Ordenszeit entdeckt. Untersuchungen im Keller der Georgshalle ergaben Spuren aus der Mitte des 14. Jahrhunderts. Zwischen der bis zu zwei Meter hohen Stadtmauer und einer niedrigeren Vormauer lag der bis zum Strohturm (Baszta Słomiana) reichende Schießplatz, vor dem sich die Georgsbrüder, noch vor der Errichtung der Georgshalle, ein eigenes Bollwerkhaus erbaut hatten. Diese gotische Halle hebt sich in ihrer jahrhundertealten, herben

Schönheit, ihrer in schmale, hohe Felder gegliederten Fassade, von den im alten Danziger Baustil errichteten Giebelhäusern wohltuend ab, die sie gleichsam beschützend unter ihre Fittiche nimmt. Mit ihren Tudorbögen und zierlichen Dachtürmchen erinnert sie an die feudalen flandrischen Jagd- und Lustschlößchen.

Der westliche Hauptplatz

Danzigs erste Bauten am westlichen Hauptplatz, dem Dominiksplan, waren, vor ausgedehnten, schilfbestandenen Sümpfen, das spitzbögige, backsteinrote Langgasser Tor, die Georgshalle, der zur Befestigung der Stadt zählende Hohe Turm, später Stockturm genannt, und der kleinere, gedrungen wirkende Bruder, der achteckige Strohturm, mit der alten Stadtmauer. Ein ganz andersartiges Bild, als die Danziger von einst es vor Augen haben. Der Kohlenmarkt bleibt in der Erinnerung als ein lebhafter, unternehmungslustiger, weitläufiger Prospekt, von blühenden Lindenbäumen umsäumt, über dem ein blauweißer, munterer Seehimmel sich spannt, der die erfrischende Seebrise mitten auf den großen, von Fußgängern, Kraftwagen, Omnibussen, klingelfrohen und kreischenden Straßenbahnen belebten Platz blies. Auch war er ein geschäftiger Umschlagplatz von Konfektionskleidung. Das Kaufhaus Freymann nahm fast die ganze Ostseite des Platzes ein, zur linken das Zeughaus, mit der von zwei Ladenreihen eingefaßten Zeughauspassage, und zur Rechten die Georgshalle, die als Passage in die Langgasse diente. Die Südseite füllte der Stockturm aus, den wiederum Taschenhäuser zu beiden Seiten einrahmten, mit Obst- und Gemüseläden. Im Westen des Platzes standen die großen Wohn- und Geschäftshäuser der Gründerzeit, in protzendem Historismus- und Jugendstil, in deren Mitte wieder eine Passage, die mit vielen Geschäften, Läden, Kiosken und einem Kino zum Dominikswall führte, die «Kaffeemühle» nicht zu vergessen, das Danziger Stadttheater im klassizistischen Stil, mit Säulenvorbau und großen Foyerfenstern, von denen in einem Roman und preisgekrönten Gegenwartsfilm die Rede ist.

56 Interieur der Georgshalle als Kunstgalerie.

Dominiksplan und Jahrmarkt

Der ursprüngliche Name Dominiksplan leitete sich von dem traditionellen Dominiksfest her. Dieser Name ist auf die Warenmesse zurückzuführen, welche die Stadt seit dem 13. Jahrhundert in jedem Sommer am 5. August beging. In neuerer Zeit wurde der große Platz mit dem Namen Kohlenmarkt (Targ Węglowy) versehen. Der Dominikstag wurde in alten Zeiten als großer Jahrmarkt von dem Glockenturm der Marienkirche eingeläutet. Trompeten und Posaunen erklangen vom Rathausturm. Von den vielen Kirchtürmen der Stadt läuteten zu jeder Stunde Glocken über die Dächer und Gassen, aber an den großen Festtagen war das Geläute wie ein Bersten von Wogen, die in einer Sturmflut von Freude und Festlichkeit an den Rand der Stadt anbrandeten. In den ersten fünf Tagen war das Gewühl der Einheimischen und Fremden auf dem Dominik zwischen den Budenreihen bedrohlich. Den durch Leinwand gegen Sonne und Regen geschützten Budenreihen schlossen bis zur Reitbahn die der Thorner, Elbinger und Bunzlauer an, die Pfefferkuchen, Stoffe, Seiden, Leinen und Geschirrwaren anboten. Auch der Holzmarkt und der Erdbeermarkt wurde von kleineren Verkaufsbuden beherrscht, während auf dem Langen Markt Leinwand und Hölzerzeug, auf der Langen Brücke Mobilitäten und in der Breitgasse Schnittwaren feilgehalten wurden.

Nach den ersten fünf Dominikstagen durften nur noch die Besitzer der Langen Buden auf dem Dominiksplan aufbehalten, nachdem, durch abermaliges Läuten vom Marienkirchturm aus über siebenundsiebzig Metern Höhe, der eigentliche Jahrmarkt aufgekündigt und von Turmbläsern auf dem nicht ganz so hohen und profanen Rathausturm abgeblasen wurde.

Die Künstler der Blütezeit

Wir stehen auf dem Heumarkt (Plac 1. Maja) unmittelbar vor dem Hohen Tor und ins Auge fällt der hohe Fries mit den Wappen der Stadt, von Westpreußen und Polen. Es gehört zu den schönsten Schöpfungen dieser Art in Nordosteuropa. Der Schöpfer dieser Eingangspforte der Stadt von der Höhe (daher leitet sich der Name «Hohes Tor» ab) ist der holländische Architekt Wilhelm von dem Block. Er führte den Bau 1588 aus, nach den Wünschen des Rates, der ein «zierliches Tor von gehauenen Marksteinen» wünschte.

Die Familie von dem Block

Stammvater der Künstlerfamilie von dem Block ist Egidius, ein Bildhauer, der von Mechelen nach Danzig einwanderte und hier 1573 das Bürgerrecht erwarb. Aus der gleichen Künstlerfamilie stammen auch Abraham, der 1573 in Danzig das Bürgerrecht erwarb, und Isaac von dem Block, der Schöpfer der 25 allegorischen Gemälde der Decke des Roten Saals des Rechtstädtischen Rathauses. Auch das Bild über der Tür zur Kleinen Ratsstube ist von ihm gemalt worden, eine Darstellung König Arthurs, der seine Söhne am Beispiel der verbundenen, unzerbrechbaren Pfeile zu brüderlicher Eintracht mahnt. Abraham von dem Block trat als Steinmetz und Bildhauer in die Dienste der Stadt und ist mit Skulpturen am Zeughaus vertreten. Von ihm stammt der Entwurf des Langgasser Tores, an dem die Renaissance in italienischer Form sichtbar wird. Mit ihm beginnt die Reihe der Bildhauer und Architekten, die den typischen Danziger Baustil entwickeln.

Anthony van Obbergen

Als Hauptmeister der nordosteuropäischen Renaissance ist Anthony van Obbergen anerkannt, der ebenfalls aus Mechelen stammt. Er hielt sich seit 1586 in Danzig auf und war bis zu seinem Tod Stadtbaumeister und Festungsingenieur. Er ist Schöpfer der Bastionsbefestigungen. Seine architektonischen Hauptwerke aber sind das dem Schloß Kronborg bei Helsingør in Schweden nachgebildete große Zeughaus (Zbrojownia) auf dem Kohlenmarkt und das Altstädtische Rathaus (Ratusz Staromiejski) auf Pfefferstadt (ul. Korzenna), ein Beispiel des aus der flandrischen Renaissance entwickelten «Danziger Stils».

Hans und Vredeman de Vries

Vredeman de Vries begegneten wir als Maler der Wandgemälde des Großen Saals des Rechtstädtischen Rathauses. Er wurde in Antwerpen geboren und war in Danzig mit seinem Vater Hans de Vries künstlerisch tätig. Bei der Ausmalung der Sommerratsstube fiel er vom Gerüst und erhielt vom Rat eine Entschädigung. Mit der Heirat erwarb er das Bürgerrecht in Danzig. Gemälde von seiner Hand befinden sich auch in Prag, Wien und Amsterdam. Sein Vater, als Festungsbauingenieur nach Danzig berufen, wurde in dieser Stellung von Anthony van Obbergen verdrängt und folgte später seinem Sohn Vredeman nach Prag.

Anton Möller und Hans Krieg

Aus Königsberg kamen die Maler Anton Möller und Hans Krieg nach Danzig. Kriegs Danzigvedute im Nationalmuseum läßt seine Abhängigkeit von Vredeman de Vries erkennen. Er bildete sich auch nach Jan Breughel d.Ä. und wurde 1616 als Meister in die Malerzunft aufgenommen. Nach dem Tod seiner Frau ging er als Mönch in das Kloster Pelplin bei Danzig. Anton Möller kam 1686 nach Danzig. Er wurde Stadtmaler und gründete eine Schule um sich. Sein berühmtestes Werk, das «Weltgericht», eine Wandmalerei im Artushof, ist im Zweiten Weltkrieg verbrannt. Die geretteten Halbrundbilder haben wir im Rathaus und Museum gesehen. In St. Katharinen (Kościól Św. Katarzyny) werden wir das Hauptgemälde des Hochaltars, «Die Kreuzigung Christi» erleben, das heute in einer Seitenkapelle hängt. Das graphische Werk umfaßt Stiche, Holzschnitte, Feder- und Tuschzeichnungen mit Themen von Allegorien oder des Danziger Volks- und Landlebens. Berühmt ist auch das Holzschnittwerk der zeitgenössischen Frauentrachten.

Die Danziger Strakofski; Herle, Barth

Die Danziger Künstlerfamilie Strakofski haben wir als Festungs- und Stadtbaumeister bereits mit dem Kleinen Zeughaus und dem Leege Tor kennengelernt. Der Vater, Hans Strakofski, arbeitete mit Anthony van Obbergen am Großen Zeughaus zusammen. Auch dem Bildschnitzer Simon Herle sind wir im Roten Ratssaal bei seinem phantasievollen zum Teil vergoldeten Umrahmungen als Meister des Danziger Zapfenstils begegnet, wie auch dem Bildhauer Wilhelm van

57 Bildhauer und Dozent Edward Sittek mit der Büste Chopins.

58 In der Bildhauerklasse der Kunstakademie.

der Meer, d. J., genannt Barth, der den Kamin im Roten Ratssaal und das die Fassaden des Zeughauses schmückende Bildwerk schuf.

Peter Willer, Falck, Ringering

Peter Willer kennen wir vornehmlich als Illustrator zu Curickes Werk «Der Stadt Danzig historische Beschreibung». Seit 1661 war er in Danzig als Stadtbaumeister tätig. Für König Kasimir in Warschau baute er ein Lusthaus und eine Kornmühle für die Königin Ludowika. Nach seinen Plänen wurde am Rathaus in Amsterdam und am «Danziger Hof» in Warschau gebaut. Er entwarf auch die Pläne zur im Zweiten Weltkrieg zerstörten und nicht wiederaufgebauten Salvatorkirche, in deren Nähe auf Petershagen er ein eigenes Haus bewohnte.

Die acht Freifiguren auf dem First des Langgasser Tores (Goldenes Tor) wurden von Jeremias Falck gestochen und von Peter Ringering modelliert. Er fertigte auch die 12 römischen Medaillonköpfe am Haus Langgasse 29, die wir heute in Nachbildungen bewundern können. Auch die Sandsteinskulpturen auf dem Langgasser Tor sind schon vor der Vernichtung im Zweiten Weltkrieg nachgebildet worden.

Hermann Hahn und Bartholomäus Miltwitz

Von den vielen Künstlern der Blütezeit im Ausgang des 16. Jahrhunderts und bis zur Mitte des 17. Jahrhunderts, deren Doppelbegabungen sie oft als Maler und Bildhauer, Baumeister und Festungsingenieur oder Architekt auswies, mögen noch zwei der hervorragenden Maler jener Epoche der Blütezeit des Danziger Handels und der Künste nicht unerwähnt bleiben, Hermann Hahn und Bartholomäus Miltwitz.

Hahn erwarb seine Ausbildung in Flandern und Venedig. In Neuss am Rhein geboren, um 1600 in

59

60

61

62

63

64

Danzig ansässig, war er Ältermann der Malergilde und Hofmaler König Sigismund III. von Polen. Zuerst restauriert er Gemälde und Schnitzwerk in St. Marien und schenkt der Kirche sein Gemälde «Christus am Ölberg». Er malt realistische Porträts in scharfer Charakteristik. Sein Hauptwerk befindet sich in der schon erwähnten Pelpliner Klosterkirche «Krönung Mariä durch die Heilige Trinität», für den Hochaltar und für den Marienaltar malte er die «Himmelfahrt Mariä».

In der Olivaer Klosterkirche findet sich eine Kopie des Pelpliner Hauptwerkes, die «Marienkrönung». Auch in den Klosterkirchen Zuckau und Karthaus schuf er die Altargemälde. Ein Deckengemälde der Diele im Haus Langgasse 39 wurde im Trauzimmer des Altstädtischen Rathauses angebracht und ist durch diesen Umzug vor der sicheren Vernichtung bewahrt geblieben. In der Weiherschen Kapelle in Putzig wurde ein Gemälde des Gekreuzigten mit zwei Stifterbildnissen aufbewahrt.

Zum Abschluß ist der aus Pommern stammende Geschichtsmaler Bartholomäus Miltwitz zu erwähnen, dessen Hauptbild in der Katharinenkirche im unteren Bogen des kleinen Orgelchores, der «Einzug Christi zu Jerusalem» wieder zu sehen ist. Die Vorzüge der Malweise des in den Niederlanden ausgebildeten Künstlers wurden hochgerühmt. Eine «Anbetung» hing in der Himmelfahrtskirche in Neufahrwasser, eine «Himmelfahrt und Auferstehung» im Altarbild der Werderkirche zu Güttland. Verschollen ist die Darstellung des vielbewunderten «Einzugs Königs Wladislaus IV. in Danzig». Mit vielen anderen Künstlern der Blütezeit ist auch Miltwitz im «Großen Meisterbuch» des Danziger Staatsarchivs mit seinen Werken aufgeführt.

Stockturm (Wieża Więzienna) und Peinkammer (Katownia)

Der «Hohe Turm», den der Volksmund auch die «Fronfeste» nannte, ist der überragende Wehrbau der Stadt. Der Stockturm war ursprünglich das äußere Stadttor mit einer Hauptrolle im architektonischen Spiel der Fortifikation, die er im Jahre 1577 glänzend bestand. Der Belagerung und den Angriffen des Polenheeres unter König Stephan Bathory setzte er Widerstand entgegen zum Ruhme Danzigs und zu seiner in Jahrhunderten bewährten Unabhängigkeit. Zur bleibenden Erinnerung an ihren Sieg

59 *Georgshalle und Stockturm mit Peinkammer am Kohlenmarkt.*

60 *Hohes Tor flankiert von der «Bank von Danzig». Dahinter Fassade des alten Jakobstores an der Westseite der Peinkammer.*

61 *Ein seltenes Ensemble verschiedener Bauepochen und -stile am Kohlenmarkt. Rechts der Strohturm der ersten Stadtbefestigung, Mitte des 14. Jahrhunderts, anschließend das Große Zeughaus vom Beginn des 17. Jahrhunderts und links im Bild das neue Stadttheater aus der Mitte des 20. Jahrhunderts.*

62 *«Einzug in Jerusalem» Gemälde der Katharinenkirche von Bartholomäus Miltwitz (1590).*

63 *Wappenfries am Hohen Tor. Die alten Danziger zitierten nur den unteren Teil der belehrenden Inschrift: «Rum Omnium Fundamenta!» Sie waren berühmt für ihre Trinkfreudigkeit (Machandel OO mit der Pflaume galt als das «Nationalgetränk»).*

64 *Im Lichthof des Stockturms. Wasserspeier, Reliefs und Büste als Mummenschanz über den vergitterten Verliesen.*

65 *Peinkammer mit Stockturm. Die Vergangenheit ist hier überall lebendig. Am linken Bildrand ein Detail des Verwaltungsgebäudes der polnischen Luftfahrtlinie LOT. Da findet eine Begegnung zwischen dem 14. und dem 20. Jahrhundert scheinbar übergangslos statt.*

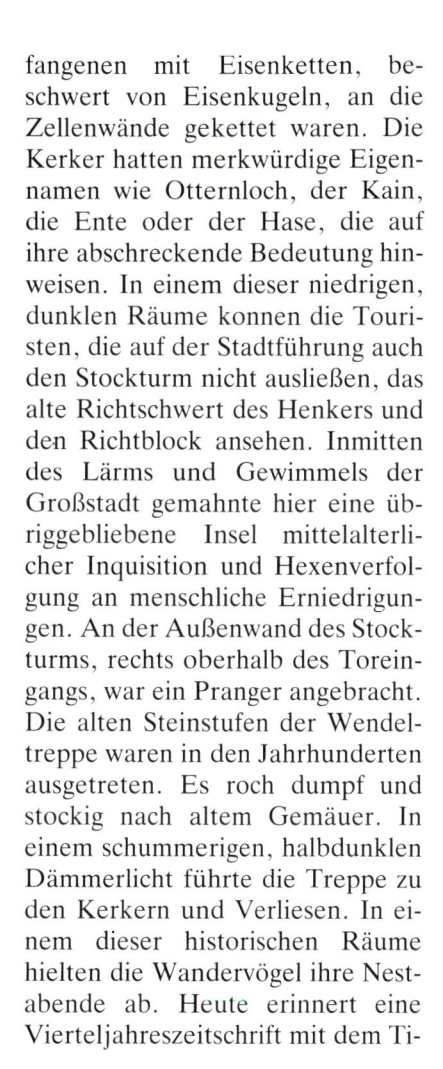

pflanzten die Danziger, die schon immer viel Sinn und Phantasie für historische Symbolik bewiesen haben, auf die Giebel der Peinkamer Bildsäulen der an den Kämpfen beteiligten Danziger Stadtsoldaten in voller Montur auf. In den letzten Märztagen des Jahres 1945 schlugen aus dem Dach des Stockturms die Flammen des Krieges und vernichteten das erst im 16. Jahrhundert aufgesetzte Dach mit dem Glockenturm. In ihm läuteten am Abend die Glocken, wenn das Hohe Tor geschlossen und jeden Morgen, wenn es wieder geöffnet wurde. Die polnischen Restauratoren haben sich für die ursprüngliche Dachform entschieden und den Glockenturm nicht mehr auf den Dachhelm gesetzt, so daß der Turmgiebel heute geschlossener und schöner denn je zuvor in der Reinheit seiner alten, überkommenen Bauform wirkt.
Im Lichthof sind an der rechten Hofmauer Wasserspeier und Wangen von alten Danziger Beischlägen eingelassen. Auf der gegenüberliegenden Seite führt eine hölzerne Galerie zu den Türen der Verliese, in denen die Karrengefangenen mit Eisenketten, beschwert von Eisenkugeln, an die Zellenwände gekettet waren. Die Kerker hatten merkwürdige Eigennamen wie Otternloch, der Kain, die Ente oder der Hase, die auf ihre abschreckende Bedeutung hinweisen. In einem dieser niedrigen, dunklen Räume konnen die Touristen, die auf der Stadtführung auch den Stockturm nicht auslißen, das alte Richtschwert des Henkers und den Richtblock ansehen. Inmitten des Lärms und Gewimmels der Großstadt gemahnte hier eine übriggebliebene Insel mittelalterlicher Inquisition und Hexenverfolgung an menschliche Erniedrigungen. An der Außenwand des Stockturms, rechts oberhalb des Toreingangs, war ein Pranger angebracht. Die alten Steinstufen der Wendeltreppe waren in den Jahrhunderten ausgetreten. Es roch dumpf und stockig nach altem Gemäuer. In einem schummerigen, halbdunklen Dämmerlicht führte die Treppe zu den Kerkern und Verliesen. In einem dieser historischen Räume hielten die Wandervögel ihre Nestabende ab. Heute erinnert eine Vierteljahreszeitschrift mit dem Titel «Der Stockturm» an die alte Bleibe der jungen Pfadfinder.
Welche Wandlungen in der langen Geschichte ihres Daseins haben diese schaurigen Stätten und von den Jahrhunderten geschwärzten Mauern erlebt, die einst in strahlendem Backsteinrot leuchteten? Welche wechselnden Bilder und Zeiten haben sich auf dem großen, weiträumigen Kohlenmarkt ereignet und abgespielt? Mit steinerner Gelassenheit hat der Turm das Schauspiel der Historie, Leben und Sterben von Generationen und Ideen, von Erleuchtungen und Wahn, Glanz und Trauer, Glück und Verderben über sich ergehen lassen. Ein wahrer Turm in der tosenden Brandung der Zeiten, Symbol des Beharrens in einer sich ständig wandelnden und nach Veränderung jagenden Welt. Von See her zieht ein frischer Seewind um seinen Helm und ein unaufhörlicher Schwarm weißer Seewolken verbindet ihn mit Weite und Freiheit der See. So ist der Stockturm Metapher des Guten wie des Bösen, wie ein Mensch in seinem inneren Zwiespalt. Eine stillere, einsamere Größe geht heute von

ihm aus, weil die ihn einschnürenden Taschenhäuser im Krieg verbrannten, welche die untere Turmhälfte bis zur Mitte verkleideten. Wie der von Muschelbergen befreite Bug eines Viermasters, der seine Segel gesetzt hat, ragt er nun nackt wie neu geboren aus dem brodelnden Meer ruheloser Epochen.

Im 18. Jahrhundert übernahm er eine neue Rolle, als die Hauptwache hierher verlegt wurde. In den letzten Jahrzehnten bis 1945 nutzten einige der Danziger Künstlervereinigungen den Lichthof und die Peinkammer zu Kunstausstellungen und Konzerten, so daß in der Erinnerung der Stockturm nicht nur als ein Monument düsteren Mittelalters bestehenbleibt. Der Maler Willy Lütcke erinnerte sich nach einem halben Jahrhundert an eine Ausstellung des Danziger Malers Hildebrand aus dem Jahre 1924, «weil der ganze Raum nach Nelkenöl duftete, welches dieser Maler als Malmittel verwendete»! Er zeigte damals Bilder von See- und Flußufern, mit schönen Darstellungen von Bäumen. Eine andere Ausstellung mit Werken von Karl Kunz veranstaltete dessen Lehrer, Professor Pfuhle, im Jahre 1930. Ein Blumenbild dieser Ausstellung wurde von Professor Manowsky für die Sammlung zeitgemäßer Kunst des Danziger Stadtmuseums angekauft. Der Schriftsteller Günter Grass hat in seinem Roman «Die Blechtrommel» den guten alten Stockturm in die Weltliteratur eingeführt, in dem Kapitel «Fernwirkender Gesang vom Stockturm aus gesungen». Volker Schlöndorff hat über den Roman einen Film gedreht, mit dem für unseren schweigsamen Stockturm durchaus doppelbödigen Erfolg, nun, aufgefangen von der Spürnase einer unerbittlichen Filmkamera, auf einem Stückchen Zelluloid Filmgeschichte zu machen.

Günter Grass als Danziger

Seit dem Erscheinen seines ersten Romans «Die Blechtrommel» (1959) zählt Grass zu den bekanntesten unter den deutschen Schriftstellern der Gegenwart. Der Stoff vieler Romane und Erzählungen ist immer wieder seine Kindheit in Danzig. Grass erscheint deshalb in einer Identität zu seiner Heimatstadt, auf die er sich auch wiederholt bezieht, so daß es naheliegt, etwas über dieses Verhältnis zwischen dem berühmten Autor und seiner Heimatstadt auszusagen. Meiner Betrachtung über Grass als Danziger liegt eine Sammlung früher Sekundärliteratur und von Zeitungsausschnitten seit 1962 zugrunde. Bibliophile Kostbarkeiten darunter sind ein Katalog der St. Gallener Kunstausstellung von 1957 und ein Interview in seiner Pariser Wohnung, wo er die «Blechtrommel» schrieb. Es wurde in der schweizerischen kulturellen Monatsschrift «du» im Juni 1960 veröffentlicht. Ferner eine Ausgabe der Zeitschrift «Akzente» von 1955.

Der Süddeutsche Rundfunk brachte unter dem Titel «Neue Werke ostdeutscher Autoren» mehrere Sendungen, so am 17. April 1955, «Das Lied ging weiter» oder am 10. 7. 1955 «Das Jahr feiert Sommer». Hier fand meine erste kaum bewußte Begegnung mit Grass statt, denn in diesen Sendungen wurden auch einige meiner Gedichte gesprochen. Bemerkenswert ist, daß Grass, der damals noch ein unbekannter Autor war, in solchen landsmannschaftlich akzentuierten Sendungen dabei war. Auch bei der Zeitungslektüre konnte man Geschichten aus der Feder von Günter Grass sehr früh in der Vertriebenenpresse begegnen. So erschienen von ihm in den September-Ausgaben des «Ost-West-Kurier» 1962 die Feuilletons »Gräßlich barst die Mauer» und «Die Rolltreppe». In der ersten März-Ausgabe des «Ost-West-Kurier» von 1963 wurde das Feuilleton «Fahrt durch den Tunnel» abgedruckt. Mit diesen drei Zeitungsbeiträgen beginnt auch meine Sammlung der Zeitungsausschnitte über Grass. 1963 war ein erfolgreiches Jahr für den neu entdeckten Autor, denn jetzt erscheint ein weiterer Heimatroman mit dem Titel «Hundejahre» nach dem Welterfolg «Die Blechtrommel» und der Erzählung «Katz und Maus», mit denen die «Danziger Trilogie» zunächst vollendet wird. In Wirklichkeit ist die Bezeichnung «Danziger Trilogie» nur eine Fiktion, denn der viel später erscheinende Roman «Der Butt» sprengt diese einschränkende Festlegung zur Danziger Thematik.

Der Rezensent des «Ost-West-Kurier» schreibt dazu unter dem Titel: »Antiroman des Kraftgenies aus Danzig»: «Zeugen nicht allein diese Sätze (gemeint sind solche wie «Flüsse, die in den Himmel wollen, münden in die Weichsel») allein schon dafür, wie dieser Mann seine Heimat liebt? Die Danziger sollten sich mit ihrem Schwierigen versöhnen, denn am Ende singt er doch ein Loblied auf die Heimat.» Die Jahre später erscheinenden «Kopfgeburten» und «Das Treffen in Telgte» können diesen Gipfel des «Buttromans» nicht mehr erreichen, denn sie spielen nicht in seinem «Dublin». Danzig ist da ganz weit weg. Ein einziges Wort in den «Kopfgeburten», «meine Heimatstadt Danzig», zählt nicht und auch die Rückblende auf des barocken

Dichters Opitz Tod in Danzig, im «Treffen von Telgte» kann Danzigs Charisma nicht mehr berufen. Als Volker Schlöndorffs Film «Die Blechtrommel» 1978 in Danzig gedreht wurde, war der Roman dort noch unbekannt. Eine Übersetzung wurde von den Zensoren seit Jahren unter Verschluß gehalten. Grass hat die Eroberung Danzigs durch die Rote Armee zu realistisch beschrieben. Inzwischen liegt eine polnische Ausgabe der «Blechtrommel» vor, nachdem einige beanstandete Partien ausgelassen wurden. Vor einigen Jahren erschien aber bereits in einem Untergrund-Verlag eine Übersetzung. Selbst auf seiner Ostasienreise entläßt sein Danzig ihn nicht, bei seiner Abrechnung mit den «Mächtigen dieser Welt». Er läßt «ihre Stinkmoral» nicht gelten, denn «das hieße Folgerichtigkeiten zu akzeptieren, die das serbische Sarajewo berüchtigt und meine Heimatstadt Danzig zerstört haben. Während ich, mit Wörtern nur, die Stadt Danzig, die heute Gdańsk heißt, wieder entstehen ließ.» Er geht aber noch einen Schritt weiter in seinem Bemühen, die Mächtigen bloßzustellen, die sich als lächerlich und als Pfuscher bezeichnen lassen müssen. «Keiner der Mächtigen kann mir das Wasser reichen . . . hochmütig spreche ich ihnen die Kompetenz ab, mich beim Schreiben zu stören.» Die hier zum Ausdruck gelangende Distanzierung des Geistes von der bloßen Macht erinnert an einen Satz in der Erzählung «Das Treffen von Telgte»: «Wo die Fürsten sich erniedrigt hatten, fiel den Dichtern Ansehen zu. Ihnen und nicht den Mächtigen, war Unsterblichkeit sicher.»

Grass ist ein Kapitel ohne Ende. Seine gegenwärtige Bedeutung hat ein Kritiker, Carlos Widmann, in einer Rezension des Romans «Die Mitternachtskinder» von Salman Rushdies zum Ausdruck gebracht und die Aufmerksamkeit noch einmal auf Danzig gelenkt. «Bei uns mußte Günter Grass (der auch ohne Nobelpreis heute in jeder Großstadt des Erdballs als einziger Westeuropäer genannt wird, wenn vom großen Roman der letzten Jahrzehnte die Rede ist) in das Territorium seiner Kindheit und Pubertät zurückgreifen, um aus dem versunkenen Danzig eine neue Welt zu schaffen!»

Der Glücksfall eines großen deutschen Romans sei nicht wiederholbar, auch nicht durch Grass selbst. Vielleicht hat er das eingesehen, denn anders ist es nicht zu erklären, daß seit Jahren seine Schreibfeder schweigt und allein die Zeichenfeder redet. Aber ist ein Günter Grass überhaupt denkbar ohne den Zauber und das Märchen, das Danzig heißt, ohne sein Danzig, das ihm doch alles gab, was er ist? Offensichtlich doch nicht, denn spätestens 1985 hat er wieder die Zeichenfeder mit der Schreibfeder ausgetauscht, um das zu tun, was er «den anderen empfahl» – zu schreiben. Danzig ist ja auch ein unerschöpfliches Thema. Und es wird wohl das Motiv seiner Dichtung bleiben, das ihn berühmt machte, Grass, den Danziger!

Das Große Zeughaus (Zbrojownia)

Das Große Zeughaus von Anthony van Obbergen ist eine Hochleistung niederländischer Renaissance. Die Hausteinornamentik schuf Abraham von dem Block, Akzente der Dekoration Wilhelm Barth d. J.: Treppentürmchen, Portale, die Brunnennische mit der Pallas Athene und Giebelfiguren von Soldaten. Im Erdgeschoß war ein Kanonenlager von 2000 Quadratmetern Fläche angelegt. Die oberen Stockwerke werden von der Hochschule für bildende Künste eingenommen, die sich in einem neuerrichteten Anbau in der Wollwebergasse fortsetzt. Angebaut in der Theatergasse ist die «Alte Apotheke», eine mittelalterliche Munitionsfabrik, die «Pillen» produzierte, wie man hier die Kanonenkugel zu bezeichnen pflegte und ein Laboratorium für Schießpulver war. Im Portal die Allegorie der Pulverkraft. Zur rechten des Großen Zeughauses von der Westseite am Kohlenmarkt aus betrachtet steht der achteckige Strohturm (Baszta Słomiana) mit Mauern bis zu vier Metern Durchmesser. Auch diese Bastion war während der vergangenen hundert Jahre von modernen Geschäftshäusern buchstäblich zugebaut worden und ist erst nach deren Zerstörung im Krieg wieder hervorgetreten. Damit ist die ursprüngliche Ansicht des westlichen Hauptplatzes der Stadt wiederhergestellt worden.

Die massigen, schweren Gewölbe ruhen auf kurzen, gedrungenen Pfeilern. In der Franzosenzeit gingen viele alte Waffen und Kriegsausrüstungen mit den Truppen des Generals Rapp nach Frankreich, wo sie heute manch ein Museum bereichern und an Danzigs zu Ende gegangene Zeit erinnern. Curicke erwähnt in seiner Stadtgeschichte mit Ausführlichkeit die sehr kunstvollen und schrecklichen Automaten, Geschütze und anderes zeitgenössisches Kriegszeug. Den Franzosen diente das Zeughaus auch als Lazarett. In der Freistaatzeit war es die Requisitenkammer des Stadttheaters und Aufbewahrungsort für die Theaterkulissen. Die südliche Passage ist als Durchgang für Fußgänger auch heute wieder geöffnet und mit einer Ladenstraße versehen. In reich geschmücktem Renaissancestil wird die dem Kohlenmarkt zugewandte Rückseite des Zeughauses, mit den Giebeln, die den Bürgerhäusern ähnlich sind, von vier Satteldächern gedeckt.

Mit den vier großen Giebelfenstern, die je von zwei kleineren flankiert sind, und den zwölf schmalen, hohen Fenstern des Mittelgeschosses, entsteht eine kunstvolle Aufgliederung des an sich breit angelegten Gebäudetraktes.

Die beiden Portale im Erdgeschoß geben der Gesamtansicht eher den Charakter eines bürgerlichen, als den eines kommunalen Zweckbaues.

Der Kosak und die Löwen

Die Giebel sind reich bestückt mit «explodierenden» Geschossen, vergoldet mit Medaillons und den in Danzig üblichen Standbildern. Zwischen den beiden Portalbögen steht, zurückgesetzt in einer Nische, eines davon in Feldharnisch mit Prunkhelm und Kurzschwert, eine Kriegergestalt. Es ist nicht etwa der Kriegsgott Mars, sondern ein Kosak, der seinem Hetman das Haupt abschlug, denn ein geköpftes Haupt liegt zu seinen Füßen. Dieser Barbar wollte so gar nicht in mein jugendliches Bild eines geschichtsträchtigen aber friedlichen Danzig passen. Es war mir ungeheuer und abstoßend, wie die in die Mauern eingelassenen Kanonenkugeln, die an schreckliche Zeiten der Bombardements und Belagerungen erinnerten. Erfreulicher fand ich die Löwen, die überall an den Danziger öffentlichen Gebäuden, auch über den Portalen des Zeughauses, die Stärke und den Stolz der Stadt verkünden. Auch gilt der Löwe als Symbol des Wächters, Richters und Herrschers. Nach Visionen Ezechiels und der Apokalypse wird der Löwe als Symbolwesen dem Evangelisten Markus zugeschrieben. In den Löwenmadonnen Schlesiens wird seine Symbolik sichtbar als Ausdruck der Auferstehung durch Gottes Geheiß. In seiner gedanklichen Assoziation zu Psalm 91 wird auf den göttlichen Schutz gegen Gefahren hingewiesen: «Über Löwen und Ottern wirst du gehen und junge Löwen und Drachen niedertreten.» Die Löwen halten das Danziger Wappen in ihren Pranken, über alle Zeiten hinweg. Auch als ein Zeichen von Dauer und Beständigkeit haben sie viele Geschlechter überlebt und werden noch wachen, wenn wir längst nicht mehr sind.

Die Ostfassade (ul. Piwna)

Die der Jopengasse zugewandte Hauptfassade des Zeughauses zeigt, anstelle der beiden Außengiebel, zwei achteckige Türme mit Turmhelmen, die Chinesischen Pagoden ähneln.

Sie sind von der Straße durch schmiedeeiserne Gitter getrennt und geben der Ostfassade des Zeughauses eine weitere Dimension der Tiefe. Zwischen den beiden Eingangsportalen steht ein ebenfalls von einem kunstvollen Eisengitter geschützter Brunnen. In beiden Ecktürmen führen steinerne Wendeltreppen in die Höhe. Zu ebener Erde, zwischen den beiden Portalen, ist eine kleine Tür angebracht, die in die großen Kellerräume einläßt. Sie wurde bei den Luftalarmen geöffnet, um die vor den Luftangriffen schutzsuchende Bevölkerung in den als bombensicher geltenden Kellergewölben des Zeughauses aufzunehmen. Dort saßen Tausende dicht gedrängt, mit ihren Koffern zu Füßen als Notgepäck. Wenige Jahre später, 1945, ist vom Alten Zeughaus nur noch das Gerippe der Außenmauern als Fragment einstigen Glanzes übriggeblieben. Nach dem Krieg aber wurde es in neuer Schönheit wiedererrichtet, und es scheint so, als wäre es noch immer das Alte Zeughaus aus der Blütezeit der Stadt.

Die «Komödienbude»

Blicken wir noch einmal zurück auf unseren Rundgang durch die Stadt, vom Theatergebäude, quer über den Kohlenmarkt bis zur Reitbahn (Bogusławskiego). Dort stand einst das erste Danziger Theater, die Fechtschule. Wie das Nürnberger Fechthaus, war auch die Danziger Fechtschule überdacht, heizbar und mit Logen versehen, ähnlich dem shakespearischen Globetheatre in London. Schon Ende des 16. Jahrhunderts kamen die englischen Künstlertruppen mit den neuesten Stücken von Shakespeare auch nach Danzig. Sie gastierten am 5. August zur Eröffnung des Dominiks, dem Danziger Hauptfest, und blieben mehrere Tage in der Stadt. Nach dem wiederholten Auftreten der englischen Komödianten übernahmen es die Danziger Kürschner, auch «allerhand liebliche

engelsche Komödien» aufzuführen. Das waren, wenn man einmal von den Schulaufführungen im Danziger Gymnasium absieht, die ersten Schritte zu einem selbständigen Theater in Danzig. Die baufällige Fechtschule wurde 1635 umgebaut und erhielt nun den zutreffenden Namen «Komödienbude». Elf Jahre später wurde sie zum Empfang des polnischen Königs restauriert. Außer den Aufführungen der englischen Darsteller in englischer und deutscher Sprache wurden auch polnische Stücke von polnischen Schauspielern gegeben.
Aber erst mit dem Neubau der «Kaffeemühle» begann mit Beginn des 19. Jahrhunderts der Einzug der deutschen Klassik auf der Danziger Szenerie. Die «Deutsche Schauspielergesellschaft der Geschwister Schuch» gab die Premiere am 3. August 1801 mit dem patriotischen Schauspiel von Iffland «Das Vaterhaus». Dann kamen die deutschen Klassiker zu Wort, allen voran Friedrich Schiller mit seinem «Wilhelm Tell», der «Jungfrau von Orleans» und «Maria Stuart», und um das Repertoire zu vervollständigen «Die Braut von Messina». Lessing war unter den ersten mit seinem «Nathan der Weise» vertreten und Goethe mit dem «Egmont». Diese Klassiker und viele Opern- und Operettenaufführungen haben dann nahezu einundeinhalbes Jahrhundert die Danziger Theaterfreunde Abend für Abend mit Thalias Muse erfreuen können.
Wie oft habe ich mit klopfendem Herzen hier Opern, Operetten, Komödien, Dramen und Schauspiele erlebt. Als Gustaf Gründgens mit Goethes «Faust» in der Titelrolle gastierte, standen die Theaterbesucher schon am Vorabend nach Karten an und warteten die Nacht hindurch bis zur Kassenöffnung. Unvergeßlich sind auch die Weihnachtsmärchen mit dem Schauspieler Gustav Nord, einem Danziger Original. Karl Kliewer, Dieter Borsche und Hans Söhnker, um nur wenige Namen der letzten Jahre zu nennen, sie alle standen auf diesen Brettern, die nach einem Dichterwort «die Welt bedeuten». Bis der Eiserne Vorhang endgültig herunterrasselte, wurde ihnen und vielen anderen noch langanhaltende Ovationen zuteil. Ich erinnere mich an Schauspiele von Max Halbe, «Jugend», und an Gerhart Hauptmann, «Der Biberpelz» oder «Fuhrmann Henschel», an Opern wie «Figaros Hochzeit», «Der Barbier von Sevilla», Mozarts «Zauberflöte», vor allem Wagneraufführungen, Tschechows «Kirschgarten» und von Edward Grieg unvergeßlich «Peer Gynt».

Drei Theaterbauten

Ihr Stadttheater nannten die Danziger respektlos «Kaffeemühle» weil sich die Bauform mit dem klassizistischen Quaderbau, auf den eine Kuppel gestülpt war, einer Kaffeemühle glich. Der Vorbau als Haupteingang glich einem Portikus, einer Säulenhalle mit geschlossener Rückwand. Zwischen vier Säulen befanden sich drei Eingangstüren, die von drei Rundbogenfenstern überdacht wurden. Dieses alte Stadttheater war von 1797 bis 1801 von dem Danziger Stadtbaumeister Held erbaut worden. Auf einem Gemälde von Friedrich Eduard von Meyerheim von 1832 sind auf der westlichen Seite des Kohlenmarktes die mit ähnlichen klassizistischen Säulen versehenen Kolonnaden, mit den durch sie schamhaft verdeckten Trödelbuden, zu sehen. Früher hießen sie Tagneten und gaben der alten Tagnetergasse (ul. Tandęta) ihren Namen. Mit dem Bau des Stadttheaters wuchs das Renommee des großen Platzes und vertrug nicht mehr das malerische Marktbild der Trödlerbuden. So erhielten sie nun ein Dach, welches von Säulen getragen wurde, die eine offene Kolonnadenreihe bildeten. Schon im Altertum wurden solche Kolonnaden an Märkten errichtet. Nach einem Neubau in der zweiten Hälfte der dreißiger Jahre unseres Jahrhunderts wurde das alte Stadttheater nicht nur modernisiert. Auch der alte Portikus fiel und es entstand mit einem offenen Säulengang wieder eine Kolonnade, vielleicht, von modernem Denken her betrachtet, schöner, aber nicht mehr so anheimelnd und gemütlich wie die alte Kaffeemühle, die so altmodisch zu den gewohnten Gesichtern der Häuser am Kohlenmarkt paßte.
Im Frühjahr 1945 ist der Bau bis auf die Fassade völlig zerstört worden. Der Architekt Kadłubowski, Planer der Rekonstruktion der Rechtstadt, hat an der gleichen Stelle ein Theater in Stil neuzeitlicher Glasarchitektur erbaut. Die ihn flankierenden Baukörper der Gotik und Renaissance demonstrieren mit ihm einen vitalen Willen zur Kontinuität.

Metamorphosen

Ein anderes Beispiel einer Metamorphose für das ältere Stadtbild, der Kohlenmarkt (Targ Węglowy). Die ganze westliche Seite mit der Passage zum Dominikswall (Wały Jagiellońskie) und den Wohn- und

66 *Die durch Kriegszerstörungen freigelegte Laternengasse am Holzmarkt mit Seitenturm des Breitgasser Tores und Mauerturm.*

67 *Das aus Lemberg stammende Reiterdenkmal Johann III. Sobieski als Blickfang auf dem Holzmarkt mit Neubauten der Presse.*

68 *Ältester Teil der Nikolaikirche (Zinnenwand unterhalb des Turms) in der Johannisgasse.*

Geschäftshäusern der Wilhelminischen Ära, die nach der Abtragung der Wälle hier errichtet worden waren, wurden nach ihrer Zerstörung nicht wieder aufgebaut. An die Stelle des Hotels «Danziger Hof» ist ein Flachbau in Glasarchitektur der polnischen Luftfahrtlinie ŁOT getreten. Die Kaufhausreihe zwischen dem Zeughaus und dem Langgasser Tor, die an die Fragmente der alten Stadtmauer gewissermaßen angebaut worden war, ist ebenfalls verschwunden. Das frühere Stadtbild ist mit dem achteckigen Strohturm, Mauerfragmenten und der freigestellten nördlichen Fassade der Georgshalle wieder sichtbar geworden.

Ähnliches ist mit dem Holzmarkt geschehen, denn auch hier sind die in der zweiten Hälfte des 19. Jahrhunderts, in der preußischen Zeit vorgebauten Wohn- und Geschäftshäuser, in Verlängerung der Mauerlinie vom Dominikanerplatz bis zum Holzmarkt, abgetragen worden, so daß der Holzmarkt (Targ Drzewny) jetzt um das Doppelte vergrößert erscheint. Da auch die Bauten des Altstädtischen Grabens bis zum Dominikanerplatz dem Krieg zum Opfer fielen, kann man den Verlauf der alten Stadtmauer vom Wehrturm «Kieck in de Kök» (Baszta Jacek) bis zu den teilweise restaurierten Türmen am Holzmarkt, dem einen Turm des früheren Breitgassertores, dem Mauer- und dem Laternenturm, verfolgen.

Eine Folge der massiven Kriegszerstörungen ist die Freilegung alter Baukomplexe und die Ausweitung der vor ihnen gelegenen Plätze, die andere ist gleichsam die Wiederherstellung des früheren Stadtbildes des 18. Jahrhunderts, wie wir es auf alten Fotografien, Stichen und Radierungen sehen und vergleichen können.

Die Stadt hat hier also Bauten verloren, die erst in der preußischen Ära hinzugetreten waren und das ursprüngliche Stadtbild verdrängten und beeinträchtigten. Die schweren Schäden, welche die Kriegsfolgen hinterließen, haben viel dazu beigetragen, daß die Stadt ihre ursprüngliche historische Gestalt wiedergewann. So betrüblich der Verlust des gewohnten Antlitzes des Stadtbildes auch dem bedeuten mag, der Kindheit und Jugend hier verlebte, der Charakter des von den nachgedunkelten Ziegelbauten des Mittelalters geprägten Stadtbildes kann von diesen gewaltsamen Veränderungen nur gewinnen.

69 *Kirchenschreiberhäuschen an der Kleinen Mühlengasse/Ecke Katharinenkirchensteig mit dem Westflügel von St. Nikolai, dem Wehrturm «Kieck in de Kök», dem Liebling der Danziger, und der «Dicken Marie» (Volksmund für den Glockenturm von St. Marien) im Bildhintergrund.*

Kieck in de Kök

Der Lieblingsturm der Danziger ist der achteckige «Kieck in de Kök» (Baszta Jacek). Die Entstehung des Festungsturmes fällt zeitlich mit dem Bau des Krantors zusammen, unter der Ägide des Bürgermeisters Letzkau. Der Bau wurde gegen heftigsten Widerstand des Ordenskomturs errichtet, wie ein Triumphturm der gegen den Orden verteidigten Freiheitsrechte. Mit seinem Rautenmuster von glasierten Backsteinen in Grün haben die Danziger ihn zu allen Zeiten in ihr Herz geschlossen. Er ist immer noch eine Zierde der Stadt, der achteckige Wachturm am Dominikanerplatz (Plac Dominikański), mit dem die Danziger ihren Spott mit den ihnen verhaßten Ordensrittern trieben. Die Lust am Spott hat diesen Recken so volkstümlich gemacht und die Ritter oft genug verdrossen, weil die Danziger von dieser hohen Warte aus ihnen in die Küche gucken und die Fuhren der vielen Getreidewagen nachzählen konnten, die der Riesenbauch der Großen Mühle (Wielkie Młyn) Tag und Nacht in sich sog. Der Turm scheint jung geblieben zu sein, in der verschmitzten Keckheit, welche die Legende ihm andichtet, aber er ist nicht der ursprüngliche «Kieck in de Kök». Das war vielmehr der Rundturm, den die Danziger «Blumentopf» nannten, weil aus der Ruine Gras und Buschwerk wuchs. Heute zeugt von dessen ehrwürdiger Existenz nur noch der runde Grundriß, der sich auf dem Pflaster des Dominikanerplatzes abzeichnet. Eine gewisse Ähnlichkeit mit ihm hat der neben dem Milchkannenturm (Baszty Stągwie) stehende kleinere Rundturm, den die Danziger mit viel Liebe und Phantasie ihr «Sahnetöpfchen» nennen. In einem besonderen Blatt hat Johann Carl Schultz das ungleiche Turmpaar am Dominikanerplatz unserer Aufmerksamkeit in der ersten Folge seiner Radierungen empfohlen.

Am Dominikanerplatz – Lavendelgasse (Plac Dominikański – ul. Lawendowa)

Auf einem braungetönen Gemälde hat der Maler Johann Friedrich Stock die Lavendelgasse um die Mitte des vergangenen Jahrhunderts abgebildet. Zu dieser Zeit wurde das alte Dominikanerkloster abgetragen. An seiner Stelle entstand eine der modernsten europäischen Markthallen. Sie überlebte das Inferno des letzten Krieges. Über die geräumige und lichte Markthalle ist eben das Erwähnenswerteste, daß sie an die Stelle des mittelalterlichen Klosters mit seinem baumumstandenen Klostergarten getreten ist. Neue Sachlichkeit verdrängte die kostbare Tradition. Wieviel dabei verlorengegangen ist, läßt sich unschwer an der architektonischen Fülle des einzigen, im alten Danzig erhalten gebliebenen Klosterbaues ablesen, des Franziskanerklosters in der Fleischergasse (ul. Rzeźnicka). Nun, die Lavendelgasse bildet den östlichen Abschluß des großen alten Klosterplatzes, auf dem ein großer Gemüse-, Obst- und Blumenmarkt auch heute wieder zu einem Einkaufsbummel einlädt. Aber lassen Sie uns noch einmal das romantische Gemälde von der Lavendelgasse anschauen. Im matten Dunst eines Herbstmorgens fällt der Blick auf den Glockenturm der Marienkirche. Im Hintergrund ist über das Kopfsteinpflaster das Klappern der Pferdehufe zu hören, und aus den Ställen dringt Pferdegeruch. Vor einem der altertümlichen Fachwerkhäuser, die teils mit hölzernen Kanzeln versehen sind, zu denen Holztreppen hochführen und Holzdächer als Wetterschutz angebracht sind, steht ein Ziehbrunnen, wie sie viel früher in vielen Gassen der Stadt vor den Häusern in Reih und Glied aufgestellt waren. Zur Rechten sind die hohen Backsteinmauern der alten Dominikanerkirche zu sehen, unserer Nikolaikirche (Kościół Św. Mikołaja). Hier erlebte ich als Protestant manche Maiandacht mit meinen katholischen Jugendfreunden, mit dem Duft von Weihrauch, brennenden Kerzen, einer lateinischen Liturgie, Prunkgemälden und barocken Altären.

Chodowiecki besucht St. Nikolai

Daniel Chodowiecki hat bei seinem ersten Wiedersehen mit der alten Heimat nach langer Abwesenheit im Jahre 1773 viele Kirchen besucht und dabei auch die Nikolaikirche auf dem Dominikanerplatz nicht ausgelassen. In sein Reisetagebuch mit den neunundneunzig Skizzen trägt er anschaulich ein, als würde man diesen Besuch heute miterleben: «Ich besichtige die Kirche der Dominikaner ... Da gerade Gottesdienst war und man das Allerheiligste in Prozession umhertrug, hielt ich mich nicht auf. Doch trat ich hinter der Kirchenfahne in den Kreuzgang ein. Ich sah hier viele Gemälde und drei oder vier

Altäre, aber nichts Bedeutendes. Die Bilder sind nach den Stichen Rubens'scher Gemälde gemalt und stellen Kreuzwegstationen dar.» An diesem Tage zeichnete er die «Betende Gruppe», mit der Dame, die den Boden mit der Stirn schlägt. Jahre danach benutzte er die Zeichnung in einer Radierung, um Affektionen der Lächerlichkeit preiszugeben. Bei einem zweiten Besuch führt Pater Mathis ihn durch seine Kirche und erklärte ihm das Gemälde von Jakob Jordaens «Die vier Evangelisten» mit einem Engel in Halbfigur. Es ist das schönste Bild der Sakristei. Von dem gleichen Maler betrachtet er die «Anbetung der Hirten» und von Guido da Caravaggio eine »Kreuzigung Petri». Auch Danziger Maler sind mit ihren Werken präsent, so «eine recht gute Taufe Christi», wie Chodowiecki in seinem Tagebuch vermerkt. Das Altarbild des Hochaltars wird ebenso einem Danziger Maler zugeschrieben. Es stellt den heiligen Nikolaus mit anderen Heiligen dar, darüber eine Glorifikation. Das Bild wird als gut gemalt bezeichnet, sei aber durch Kerzenrauch etwas nachgedunkelt. In einer Kapelle zeigt der Pater ihm Fresken mit den Wundern des heiligen Dominikus.

Die Kirchen der Altstadt

Eine Nikolauskapelle erhob sich im 12. Jahrhundert westlich der Burg der pomoranischen Herzöge. Sie diente zuerst als Kaufmannskirche der Nikolaigemeinde deutscher Kaufleute und Handwerker. Gestiftet wurde sie 1190 von dem pomoranischen Fürsten Sambor I. Neueste Ausgrabungen polnischer Forscher haben südlich der Katharinenkirche und des Marktes Rudimente einer Ansiedlung gefunden und damit eine Hypothese deutscher Historiker bestätigt. Es waren überwiegend lübische Kaufleute, die nach 1120 vom Fürsten Swantopolk ein Privileg für Zölle erhielten, wie die neueren Untersuchungen ergeben. Daraus ist der damals gebräuchliche Schiffstyp, der Koggen, erwiesen, die den Hafen Danzigs mit den gehandelten Waren anliefen, nämlich Tuche aus Flandern und England und Salz und Wein. Der Danziger Seehandel erlebte damals eine erste Blüte. So wurde bald aus der lübischen Kaufmannssiedlung eine deutschrechtliche Stadt. Später erbauten Dominikanermönche an Stelle der hölzernen Kapelle eine Kirche aus gebrannten Ziegeln, die Nikolaikirche. Sie ging als einzige der Kirchen von Danzig unversehrt aus dem Inferno des Krieges hervor. Nach neueren Forschungsergebnissen und Ausgrabungen ist nicht der Chor, sondern die gezinnte Sakristei am südlichen Chorturm der älteste Teil des sakralen Bauwerks. St. Nikolai (Kościół Św. Mikołaja) ist die erste gewölbte Kirche, noch vor der Johannis- und der Marienkirche. Der Glockenturm ist einer der interessantesten Blickpunkte innerhalb des neustädtischen Stadtbildes. Nördlich davon schlossen sich die Gebäude des Dominikanerklosters an, das unmittelbar an der Stadtmauer lag. Die für Danzig typischen lichten, gewölbten, hohen Hallenkirchen entstanden erst in der Epoche der Herrschaft des Deutschen Ritterordens gegen Ende des 14. Jahrhunderts, als Danzig sich zu einer aufblühenden Handelsstadt an der Mündung der Weichsel entwickelte. Diese das eigenartige Bild der strengen Backsteingotik bestimmende Epoche drückt auch heute noch nach so vielen Veränderungen der Stadt ihr unverwechselbares Siegel auf. Das gilt ebenso für die rund um den Kern der Innenstadt in wenigen Fragmenten noch überkommene Stadtmauer und viele darin eingebundene Wehrtürme. Sie verleihen der Stadt eine Würde und Feierlichkeit, die sich unwiderstehlich dem Bewohner wie auch dem Besucher als ein Ensemble seltener mittelalterlicher Architektur einprägt.

St. Johann (Kościoł Św. Jana)
Die untere Hälfte des Glockenturms stammt noch aus der Mitte des 15. Jahrhunderts. Ihre Südseite ziert ein Fries aus gelben und grünen Glasurziegeln und unterbricht die nachgedunkelten Backsteinwände mit einer künstlerischen Attitüde. Die dreischiffige Halle wird von einem Querschiff erweitert. Die Spannungen zwischen der Stadt und dem sie damals noch beherrschenden Ritterorden spiegelt eine gegen das Verbot des Ordens, den Glockenturm höher zu bauen, gerichtete Klage des Ratsherrn Wilhelm Jordan an den kaiserlichen Hof in Wien wider. Die Kirche wurde im Krieg schwer in Mitleidenschaft gezogen. Im Innern ist sie völlig ausgebrannt mit all ihren aufgehäuften Kirchenschätzen. Der kleine Johannisfriedhof umschließt die Kirche im Osten. Die Zwillingshausgruppe neben der Heiliggeistkapelle war für Küster und Gemeindeschwestern bestimmt. Die Kirche ist sowohl Johannes dem Täufer als auch Johannes dem Evangelisten gewidmet. Auf barocken Hängeleuchtern befanden sich die beiden Johannesgestalten. Der Hochaltar wurde um 1600 von Abraham von dem Block erbaut. Unter der Empore lag eine reichgeschnitzte Kapelle der Bordingsführer. Zu den Zünften, die ihr eigenes Gestühl hatten, gehörten auch die Häker,

Fischer, Bader, Bernsteindreher, Kistenmacher, Kesselflicker und die Schonenfahrer, die die Heringsfänge einbrachten. Der überaus reich im Knorpelstil, das sind für Danzig typische Drechslerarbeiten, versehene Orgelprospekt von Peter Bringemann ist an Größe und Fülle der schönste der Danziger Kirchen. Er wurde für die neue Orgel in der Marienkirche übernommen. Die Kirche hatte dreizehn Altäre, die den Zünften gehörten. Unter anderem ein Schopenhauergestühl, eine Zappiobibliothek mit Inkunabeln, den ersten Wiegedrucken der neuen Buchdruckerkunst. Der nach und nach wiederaufgebaute Kirchenraum wird in Zukunft als Lapidarium eingerichtet. Hier können die bildhauerischen Arbeiten ausgestellt und besichtigt werden, die aus den Trümmern der dem Krieg zum Opfer gefallenen Hunderten von reichverzierten Bürgerhäusern beschädigt oder auch erhalten geborgen wurden.

St. Katharinen
(Kościól Św. Katarzyny)

Die Hauptkirche der Altstadt Danzigs ist die Katharinenkirche zwischen der Großen und der Kleinen Mühle (Mały Młyn) gelegen. Mit diesen beiden mittelalterlichen Bauwerken bildet sich eine architektonische Einheit und steht mit ihnen in einem seltenen Kontrast zu den beiden modernen Hochhäusern des Heveliushotels und eines Verwaltungsgebäudes. Gegenwart und Vergangenheit begegnen sich in diesen widersprüchlichen Baukomplexen zwischen der Paradies- (u. Rajska) und der Baumgartschengasse (ul. Heweliusza). Von beiden Altstadtgassen widerstand nicht ein einziges Haus den Furien des Krieges. Von der Pferdetränke (ul. Wodopoj), einer Ufergasse am Radaunekanal (Kanał Raduni) überlebte ein einziges Fachwerkhaus, das heute als Weinstube zu einem Besuch einlädt. Im 12. Jahrhundert entstand an Stelle der Kirche zuerst ein Holz- und Fachwerk-, später ein Backsteinbau. Der ursprüngliche Turmhelm war ein Zwillingswalmdach und sah aus wie der Turmaufsatz der Marienkirche. Erst im 17. Jahrhundert erhielt Sankt Katharinen den auch heute wiederhergestellten barokken Turmhelm, bestehend aus dem hohen Glockenturm mit vier kleineren Ecktürmchen. Diese Barockhaube war schon einmal durch einen Blitzeinschlag zerstört worden und ein zweites Mal durch die Kriegseinwirkungen im März 1945. Es ist die dritte Nachbildung der ursprünglichen Barockhaube, die so vertraut wie einst erscheint. Im südlichen Seitenschiff sind vier Kapellen angebaut, an der Nordwand eine Kapelle, eine Beichtkapelle und die Sakristei.

Anton Möllers Gemälde der Kreuzigung von 1610 war das Mittelbild des Hochaltars. Heute schmückt es eine Kapelle des südlichen Seitenschiffs. Der Dreikönigsaltar stammt von Meister Paul. Das untere Stützwerk der Orgelempore an der Wand des nördlichen Seitenschiffes wird durch ein Gemälde von Bartholomäus Miltwitz verkleidet. Es stellt den Einzug Christi in Jerusalem dar. Die Inschrift lautet: Hosianna dem Sohn Davids!
Gelobet sey/Der da Kompt
in dem Nahmen des/Herrn Hosianna
in der Höhe. Matth. 21.V.9

In dieser Kirche finden wir auch das Epitaph des Danziger Astronomen Johannes Hevelke, genannt Hevelius, der 1687 verstarb.

St. Brigitten
(Kościól Św. Brygidy

Die Häuser auf der Südseite des Altstädtischen Grabens (Podwale Staromiejskie) sind nach ihrer Vernichtung im Krieg nicht wieder aufgebaut worden, so daß dieser Altstadtstraßenzug jetzt die Breite eines Boulevards gewann. Als Überbleibsel des alten Danzigs sind anstelle der Häuser Bruchstücke der alten Wehrmauer ans Tageslicht getreten, die im vergangenen Jahrhundert durch die an sie angebauten Häuser nicht sichtbar waren. Die Linie dieser alten Mauerfragmente erstreckt sich, mit Unterbrechungen, bis zum Schwanenturm am «Brausenden Wasser» (Wartka), wo sie am Fischmarkt von den Wassertoren wieder aufgenommen wird. Zu den vielen Kirchen der Altstadt zählt auch die ehemalige Nonnenkirche Sankt Brigitten (Kościól Św. Brygidy). In der Nähe einer heiligen Quelle siedelten in der Altstadt Büßerinnen, nach Maria Magdalena genannt. Erst viel später entsteht an dieser Stelle das Brigittenkloster und die um 1400 erbaute Kirche. Am wundertätigen «Marienbrunnen» wurde in der dazugehörigen Kapelle der Leichnam der heiligen Brigitta beigesetzt. Die Brigitterinnen bleiben aus diesem Anlaß in Danzig und gründeten das Kloster der Grauen Nonnen. Zur gleichen Zeit wie das Dominikanerkloster ist um 1850 das Birgittinnenkloster dem Neubau eines Landwehrzeughauses zum Opfer gefallen. Die im Krieg zerstörte Kirche aber wurde in der Nachkriegszeit von polnischen Baumeistern wiederaufgebaut. Sie wurde als Sprengelkirche, ebenso wie St. Joseph, zur Pfarrkirche erhoben. Bekannt wurde sie auch als die Kirche des polnischen Arbeiterführers Lech Wałęsa und seines Beichtvaters, Pater Hendryk Jankowski, der in Danzig geboren wurde.

Karmeliterkirche und Kloster

Die Karmeliterklosterkirche der Weißmönche stand ursprünglich auf der Jungstadt, in der Nähe des heutigen Werfttores. Eine Kapelle war dem heiligen Eric geweiht mit einem Gemälde dieses als Heiligen verehrten schwedischen Königs. Sie wurde 1439 auf Veranlassung

75

der Erich-Bruderschaft, einer Verbindung von schwedischen und Danziger Kaufleuten, erbaut. Im Jahr 1464 erhielt der Orden der Karmeliter, nach dem Abbruch des Klosters auf der Jungstadt, die Georgskapelle. Wenige Jahre später wurde die neue Klosterkirche gebaut. Sie sollte ursprünglich bis zur Elisabethkirchengasse (Elżbietańska) reichen. Aber die Möglichkeiten der Mönche gestatteten nur Chor und Sakristei. Barthel Ranisch hat in seinem berühmten Buch über die Danziger Kirchen die unvollständig begonnenen Bauarbeiten in einem Aufriß der Kirche bildlich dargestellt. Zu Napoleons Zeiten wurde das Kloster Lazarett. In der preußischen Zeit wurde es dem Militärfiskus übergeben. Seine Freilegung, die 1930 geplant war, haben Kriegszerstörungen bewirkt. Wenn man vom Hauptbahnhof in die Innenstadt gelangen will, kommt man auf der gegenüberliegenden Straßenseite durch die Elisabethkirchengasse (Elżbietańska). Auf ihrer linken Seite sieht man eingangs einen erhalten gebliebenen größeren Baukörper vor einer Grünanlage. Das ist ein Teil des alten Klosters. Auf der rechten Seite gegenüber geht man an den Gebäuden des alten Elisabethen-

70 *Alte und neue Wohnhäuser am Fischmarkt mit St. Johann.*

71 *Turm-Ensemble von St. Brigitten und St. Katharinen von der Tischlergasse aus betrachtet.*

72 *St. Josephskirche an der Weißmönchenkirchengasse. Gehörte zum ehemaligen Karmeliterkloster, heute Sitz der Oblatenmönche.*

hospitals vorbei. So begegnen wir auf Schritt und Tritt in Danzig der Vergangenheit, und wir können viele Aussichten und Ansichten neu entdecken, die wir noch nie gesehen oder kaum beachtet haben.

Elisabeth- und Bartholomäuskirche

Zwei Kirchen der Altstadt sind eng mit der Geschichte des deutschen Ritterordens verbunden. So die dem Hauptbahnhof gegenüberliegende Elisabethkirche (Kościół Św. Elżbiety), die aus einer privaten Elendenhilfe aus der zweiten Hälfte des 14. Jahrhunderts entstand. Der Hochmeister des deutschen Ritterordens Konrad von Jungingen übernahm 1394 den Elendenhof, der sich armer und kranker Ausländer annahm, in seinen Schutz und erhob ihn zum Hospital. Aus der Kapelle des Hospitals ging die Elisabethkirche hervor. In seinem Buch «Danzigs Kunst und Kultur» beschreibt Cuny die städtebaulichen Veränderungen, die mit dem Bau der heute noch in Fragmenten vorhandenen Elisabethbastion (Baszta Św. Elżbiety) einhergehen.

«Im Juni 1547 begann der Bau des Heiligleichnamsrondells, an den sich die Schüttung des Walles vom St.-Jakobs-Tor bis zur St.-Elisabeth-Gasse außerhalb der alten, 1566 abgebrochenen Stadtmauer anschloß. 1554 wurde das gewaltige Rondell bei St. Elisabeth begonnen, worüber der Chronist Hans Spatt (Spade) berichtet: ‹Item ihnn dißem Jare ist angehabbin der Wall hindir ßunthe Elisabith an dir Mauer czu Bouwenn und am Rundelle mit scharwerk deß gemeinen Manneß.› Gleichzeitig wurde der Wall bis zum Freiwasser der Radaune und der lange Verbindungswall bis zum Heiligleichnamsrondell breiter und höher gemacht, auch mit einer gemauerten Streichwehr versehen, und 1560 vor dem Winkel, den die Altstadt gegen die Rechtstadt bildet, außerhalb des Grabens ein Erdhaus angelegt, auf welches sich nach dem in der Nähe befindlichen, schon 1516 bis 1517 erbauten Turm die Bezeichnung Halbmond übertrug. Die Arbeiten wurden bei dem drohenden Anmarsch des Herzogs Erich von Braunschweig mit aller Macht gefördert und bis 1563 vollendet; sie waren bei der vorhandenen Bebauung dieser Stadtgegend und der gebotenen Eile nicht ohne Härten gegen die Anwohner durchzuführen. Nicht nur mußten viele Gärten eingehen und Bürgerhäuser weggerissen werden, auch die Hos-

73 Eine unwiderrufliche Bausünde entstand mit diesem Hochhaus auf dem Trümmergelände der Altstadt zwischen der Paradiesgasse und «Schüsseldamm». Heute würde man solche baulichen Widersprüche wohl nicht mehr begehen. Aber die winzig wirkende Bartholomäuskirche war lange Zeit nur eine Ruine. Der Helm wurde erst im Jahre 1982 auf den Glockenturm gehoben und damit die Restauration vollendet.

pitäler St. Georg und St. Elisabeth kamen in Mitleidenschaft; ersteres verlor ein Wohnhaus; doch am schlimmsten erging es dem alten Elendenhofe. Hier wurde der Wall in breitem Zuge über den nordwestlichen Teil des Grundstücks, über den Kirchhof und hart an der Kirche vorbei, geführt. Auf Befehl des Rates mußte ein Teil der Hospitalgebäude, und zwar die mittlere, erst 1553 erbaute Reihe der Wohnungen, abgebrochen werden; vor die ganze Westfront der Kirche legte sich der Wall; sie verlor ihren Haupteingang, die Vorhalle wurde vermauert. Den an ihrer Nordwestecke befindlichen zierlichen Kapellenbau, den eine mit vierteiligem reichen Stuckmaßwerk geschmückte Bogenöffnung auszeichnete und dessen unterer Teil als Beinhaus diente, umgab man mit einer Mauer, die ihn bei der Niederlegung der Wälle (1895) unversehrt nach 332 Jahren wieder herausgab. Auch die westliche Giebelwand des verschütteten, nicht ganz abgebrochenen Wohngebäudes mit ihrem eine aufgemalte Inschrift tragenden Putzfries wurde dabei freigelegt.»

Das Hospital wurde 1752 durch Brand vollständig vernichtet. Der von Barthel Ranisch geleitete Neubau hat sich bis auf die heutige Zeit erhalten. Seit Mitte des 19. Jahrhunderts war hier die Danziger Schutzpolizei mit einer Bahnhofswache stationiert.

Von der Bartholomäuskirche (Kościół Św. Bartłomieja) gibt es drei sehr schöne Ansichten. Die eine von Südwesten auf einem Kupferstich des 17. Jahrhunderts, in meinem Buch «Glücklich vor allen Städten – Danziger Lebensbilder aus sechs Jahrhunderten» enthalten, zeigt im Vordergrund die über drei Giebelhäuser der Pfefferstadt sich erhebende Sternwarte des Danziger Astronomen Hevelius. Eine Ansicht von Norden ist auf einem Kupferstich in Georg Reinhold Curickes Buch «Der Stadt Danzig historische Beschreibung» aufgehoben. Aus der zweiten Hälfte des 17. Jahrhunderts ist auch ein Kupferstich aus dem Buch «Die Grundrisse und Auszüge aller Kirchengebäude in der Stadt Danzig» von Barthel Ranisch.

Ein ähnliches Gründungsschicksal wie die Karmeliter- und Elisabethkirche verzeichnet auch die Geschichte der Bartholomäuskirche. Mit der Gründung einer Jungstadt etwa auf dem heutigen Werftgelände gründete der deutsche Ritterorden 1380 auch eine Pfarrkirche. Sie wurde dem heiligen Bartholomäus geweiht. Bei der Abtragung der Jungstadt nach dem Niedergang des Ordens wurde die Kirche 1455 ausgelöscht. Der Neubau wurde wenige Jahre später an der heutigen Stelle zwischen dem Faulgraben (ul. Gnilna) und dem Schüsseldamm (ul. Łagiewniki) errichtet.

Das beachtenswerte querschiffige Südportal wurde erst Mitte des 17. Jahrhunderts angebaut. Während des Zweiten Weltkrieges wurde der Bau teilweise zerstört, ist aber, wie die meisten anderen beschädigten Kirchengebäude, in der Nachkriegszeit wieder restauriert und dem Gottesdienst zugeführt worden.

In der Kleinen Mühlengasse (ul. Podmłyńska)

stehen zwei Kirchenhäuser. Es sind die so selten gewordenen Zeugen der alten Bauweise aus dem 16. Jahrhundert am früheren Pfarrhof, den eine Mauer mit einem Barockportal von der Gasse abschloß. Ein weiteres Fachwerkhaus mit vorgekragtem Seitengiebel steht «An der großen Mühle», es ist die alte Organistenwohnung. Von der Paradiesgasse aus genießt man einen neuen Blick nach Süden auf das Panorama der wiederaufgebauten Großen Mühle (Wielki Młyn) mit dem tief herabgezogenen, siebengeschossigen Dach, die Katharinenkirche auf der anderen Seite und dem Eckturm der Stadtmauer, unserem alten «Kieck in de Kök» (Baszta Jacek). Im Hintergrund dann der alles überragende stumpfe Turm der Marienkirche. Nach Westen schweift der Blick von der Katharinenkirche auf die Radauneinsel. Weiter sehen wir die alten historischen Bauten des Altstädtischen Rathauses auf der Pfefferstadt, das Haus der Äbte an der Radaunebrücke in der Töpfergasse, rechts vom Rathaus die Josephskirche und dahinter die Elisabethkirche.

74 Der «Malerblick» von der «Brotbrücke» über den Radaunekanal zwischen der Schmiedegasse und Pfefferstadt, mit der Großen Mühle (der größten im mittelalterlichen Europa, seit 1350 in Betrieb) und dem Glockenturm von St. Katharinen. Beide Baudenkmäler wurden rekonstruiert.

75 Das Fachwerkhaus des Kirchenschreibers mit einem Torbogen verbunden mit Pfarrhäusern (1609), heute Pallotinerkloster an der Kleinen Mühlengasse.

76 Radaunekanal in dem ältesten Teil der Altstadt zwischen den Ufergäßchen Niedere Seigen (links) und Hohe Seigen (rechts) mit alten und neuen Wohnhäusern. Im Hintergrund St. Katharinen.

77 Die Predigerhäuser am Katharinenkirchensteig aus dem Jahre 1602, von Stadtbaumeister Anthony van Obbergen (Großes Zeughaus und Altstädtisches Rathaus), mit Renaissancegiebeln und Beischlägen.

Der Malerblick

Von der Brücke in der Töpfergasse (ul. Garńcarska) werfen wir von Westen aus einen Blick auf die Große Mühle und St. Katharinen. Es ist eines der vielen malerischen Motive von Altdanzig. Wir befinden uns in dem Mittelpunkt der Altstadt, die hier ihren Ursprung hatte. Jeder Stein erzählt von den Jahrhunderten, die an ihm vorüberzogen, wie ein Schauspiel auf historischer Bühne. In den Zeitläufen wurde der Innenkern der Altstadt mit Wohngebäuden und Geschäftshäusern zugebaut. Heute sind eigentlich nur noch die Backsteinbauten aus der älteren Zeit übriggeblieben. Zu ihnen haben sich die erhaltenen Basteien und Mauerreste gesellt, die das alte Danzig wieder in seiner reinen, ursprünglichen Schönheit erkennen lassen. Unweit des großen Ordensspeichers lag im Eckhaus der Paradiesgasse Nr. 32 (ul. Rajska) eine uralte Bäckerei, in der das von der Wassermühle teuer gemahlene Brot gebacken wurde.

Radauneinsel und die Große Mühle (Wielki Młyn)

Die Große Mühle steht auf einer Insel, die sie in ihrer ganzen Breite ausfüllt, weil zu beiden Seiten die Mühlenräder vom Wasser angetrieben wurden. Die Ufer der Insel und des Kanals sind aus gebrannten Ziegeln gemauert und spiegeln sich in den Fluten rot wider, zusammen mit dem Ziegelbau der Großen Mühle. Das Blau des Himmels vereint alles zu einem lebhaften, farbigen, schwankenden Bild, in dem die grünen Kronen der großen Lindenbäume an den Brücken sommerlich-fröhliche Akzente setzen. Früher blühten hier Weiden, wie sie auf alten Bildern zu erkennen sind, und ihre biegsamen Äste berührten das fließende Wasser. Träumerisch bogen sie sich im Wind, der von See her strich und sich sanft in den Wipfeln der Bäume fing. Das war ein Erlebnis, die Kinder am Fluß spielen zu sehen, wo die Pärchen sich trafen zu einem ersten Stelldichein, wo die Eckensteher ins Wasser spuckten und alte Leute, die von ihren Erinnerungen hierher gezogen wurden, sich sonnten.

Auch heute wird wieder manch ein Besucher auf der Brotbrücke, die die Pfefferstadt (ul. Korzenna) mit der Schmiedegasse (ul. Kowalska) verbindet, stehen und ins Wasser blicken, um in Erinnerungen zu versinken. Die Insel ist wieder begehbar, und vor der Mühle ist ein Platz angelegt mit Ruhebänken und einem Geländer. Die vom zerstörten Müllergewerkshaus entkleidete Westseite ist eindrucksvoll in ihrer einsamen Würde. Die Große Mühle aber ist nicht mehr die alte. Sie sieht uns ein wenig fremd mit den fragenden Augen ihrer großen Giebelfenster an, als wollte sie sagen, daß dieses eine ganz neue Mühle sei, der alten, die vor vielen Hunderten von Jahren erbaut wurde und über Jahrhunderte hier wie ein Standbild sich erhob, nur im Äußeren gleich, eine schöne Vision. Ihr tief abstürzendes Dach gleicht dem Gefieder eines großen Urweltvogels, der sich hier zu einem über die Zeiten hin dauernden Flug erheben wollte, und der doch an die Erde gebunden bleibt.

Sommerabend am Mühlenhof

Wie eine zersplitterte Schiefertafel sinken die graugrünen Wolkenfetzen ein in das verdämmernde Gold der späten Dünung der Nacht. So kann ich über die Paradiesgasse, die heute eine breite Autostraße ist, ein Boulevard (ul. Rajska) viel eher als eine Gasse, über dem hohen Dach der Eisenbahndirektion am Olivaer Tor (Brama Oliwska) sehen, wie die blassen Himmel im Abendrot vergehen. Von der nahegelegenen Werft her höre ich das Dröhnen der Hämmer, das Kreischen der Kräne, im Spiel das Wasser über dem Brunnen vor mir in der Grünanlage, wo einst der Mühlenhof war mit dem Müllergewerkshaus und später, als es zur Mühlenhalbinsel wegzog, die Kunstgewerbeschule in der Straße „An der Großen Mühle" entstand.

In weniger als einem Jahrhundert hat die Szene hier zum dritten Mal gewechselt, und zwischen den alten Strebepfeilern der Großen Mühle blühen Jasmin und Linden über den Ruhebänken, die unter den grünen Baldachinen verschwinden. Ich atme die milde Abendluft ein, die von See her kommt, wie zu längst vergangenen Zeiten der Kinderspiele.

Unwirkliche Melancholie

Aber plötzlich ist das geliebte, verklärte Gesicht entrückt, und ich sehe das Antlitz der Gegenwart, dessen traurige Augen mich mit einer unwirklichen Melancholie erfüllen. Diese stillen Juliabende im heißen, langdauernden Sommer am Springbrunnen an der Großen Mühle bleiben unvergeßlich in ihrer Harmonie des Abendlichtes und der bewegten Stille unter dem hohen, unendlich gelassen wirkenden Glockenturm von Katharinen, dessen Mauern so alt sind wie die der von beiden Radaunearmen festumarmten Großen Mühle! Das Abendlicht spielt in den Wipfeln der Bäume mit dem kühlenden Seewind. Ihr grünes Wohlbefinden übertrug sich so offenbar auf mich

78 Interieur der Katharinenkirche, im Jahr 1982 aufgenommen.

und wehte meine melancholischen Gedanken fort. Ich lauschte den springenden Wassern der kleinen Fontäne und sah die Spaziergänger, Kinderwagen vor sich herschiebend.

Aus dem grünen Rahmen des Gebüsches ist der spitze westliche Giebel der Kleinen Mühle (Mały Młyn) sichtbar, zu unserer Zeit von Häusern verdeckt, die sich an der Kleinen Mühlengasse hinzogen. Darüber erhebt sich das auf den Trümmern dieses Altstadtviertels hochgezogene Heveliushotel. Zwischen den beiden ungleichen Bauten liegen 600 Jahre!

Allein an dieser zeitlichen Dimension wird die Tiefenschärfe deutlich, die heute das neue Bild des alten Danzig bestimmt. Es ist immer wieder auf Schritt und Tritt die Vergangenheit, die in der Gegenwart die beherrschenden Akzente setzt und Unbegreifliches begreifbar machen kann. Das Unveränderliche im Bild dieser Stadt sind die Türme, die vielen Vertikalen, die unter sich das Veränderliche im Wandel der Zeiten vergehen und vergessen lassen können.

79 Hauptgebäude der Danziger Stadtbibliothek, früher «Am Jakobstor», heute Wallgasse Nr. 15, Ecke Schüsseldamm, das mit dem größten Teil wertvollster, auch mittelalterlicher Buchbestände den Krieg überdauerte.

80 Ein Gruß aus Flandern! Das Altstädtische Rathaus von Anthony van Obbergen. Gegen Ende des 16. Jh. erbaut, ist es das einzige Gebäude der Gasse «Pfefferstadt», das aus den Kriegsverheerungen, die in der Altstadt ein unvorstellbares Ausmaß annahmen, herübergerettet wurde.

Im Rathaus der Altstadt (Ratusz Staromiejski)

Über den Kassubischen Markt führte von der Küste her kommend die alte Handelsstraße, via mercatorium, durch die Pfeffergasse (Korzenna) und die Schmiedegasse (Kowalska) nach Süden. Es ist etwa der Verlauf der «Bernsteinstraße» aus der vorchristlichen Zeit. Wir befinden uns hier im Zentrum der Altstadt. Die Pfeffergasse, später als Pfefferstadt den Danzigern geläufiger, war eine von stattlichen Bürgerhäusern gesäumte Prachtstraße, deren Schönheit uns Johann Carl Schultz in einer seiner eindrucksvollen Radierungen mit dem Eckgebäude zur Baumgartschen Gasse (Heweliusza) überliefert. Der berühmte Astronom Johannes Hevelke, latinisiert Hevelius, hatte hier seine Wohnung und sein Observatorium. Er war Ratsherr des Altstädtischen Rathauses.
Von den alten Häusern der Pfefferstadt ist keines mehr erhalten. Der Krieg hat die Gasse ausradiert. Übriggeblieben ist allein der in seiner harmonischen Gliederung und Gestaltung der flämischen Renaissance von dem Danziger Stadtbaumeister Anthony van Obbergen um die Wende vom 16. zum 17. Jahrhundert errichtete Bau des Altstädtischen Rathauses, dem wir heute einen Besuch abstatten wollen.
Nach dem langen Rundgang durch Danzigs alte Städte, Rechtstadt (Główne Miasto) und Vorstadt (Stare Przedmieście), finden wir uns hier im ältesten Gebiet der ursprünglichen Ansiedlung der Altstadt (Stare Miasto) wieder und stärken uns zuerst einmal bei einem Besuch in den Kellergewölben des Altstädtischen Rathauses, in dem ein Café zu einer Ruhepause einlädt. In den schummrigen Ecken und Winkeln des Cafés erspüren wir den Zeitgeist des altstädtischen Danzigs und tauschen im Gespräch unsere Eindrücke bei der Führung und die Erfahrungen der wunderbaren Historie Altdanzigs aus, bevor wir uns in die Diele begeben. Merkwürdigerweise treffen wir Teile von Interieurs aus Patrizierhäusern der Langgasse (ul. Długa) wieder, die hier wohlbehalten alle Schreckenszeiten der über die Stadt gekommenen Prüfungen überdauert haben. Der größte Raum Altdanziger Bürgerhäuser war ihr Entrée. «Diele» genannt. Es ist der schönste Teil des Hauses und wirkt auf den Besucher mit der ganzen Pracht einer gewollten Repräsentation. Ein würdiger Empfangsraum für eine illustre Gästeschar, wie auch heute für die vielen fremden Besuchergruppen.
Das bildhauerische Werk eines italienischen Künstlers ist ein steinernes Portal mit einem weißen Adler. Es stammt aus dem Ferberhaus. Am Treppenaufgang wird der Besucher von dem lebensgroßen Standbild des Schützenkönigs der Bruderschaft des Heiligen Erasmus empfangen. Was wäre eine altdanziger Diele ohne einen solchen Heroen am Treppenaufgang? Das Charakteristikum der Diele ist ihre Weitläufigkeit, die den Eindruck eines Empfangssaals vermittelt und die den hohen Raum beherrschende geschwungene Treppe aus dunklem Eichenholz mit kunstvoll gedrechseltem Geländer.
Auch in den oberen Räumen finden wir Einrichtungsgegenstände aus anderen Patrizierhäusern wieder, die man hier wie in einem Museum zusammentrug, als um die Mitte des 19. Jahrhunderts in den Dielen der Patrizierhäuser Ladengeschäfte eingerichtet wurden. Eine aus weißem Sandstein gehauene Arkadenwand nimmt die Stirnseite des Obergeschosses ein. Sie stand seit 1560 im Schumannschen Haus in der Langgasse/Ecke Matzkausche Gasse (ul. Długa/ul. Ławnicza). Die gut erhaltenen Reliefs sind

82 *Der stimmungsvollste Raum des Museums der Kapitelsaal, dessen gotische Gewölbe auf zwei schlanken Pfeilern ruhen.*

81 *Bildnis der Konstantia Schumman von Daniel Schultz im Nationalmuseum.*

83 *Mittelbild der Deckenausstattung des Roten Saales mit einem Triumphbogen und der Apotheose Danzigs über dem Langen Markt mit Artushof.*

84 *Türe zum «Roten Saal» von innen her gesehen, mit Intarsien. Darüber das Gemälde «Gerechtigkeit und Ungerechtigkeit».*

85/86 *Große Sommerratsstube, auch «Roter Saal» genannt, mit wiedererrichtetem Kamin, Wand- und Deckengemälden.*

87 *Diele des Rechtstädtischen Rathauses mit prunkvoll verzierter Eingangstür zum Roten Saal. Die Wendeltreppe und Galerie wurden nachkonstruiert. Eines der wertvollsten Baudenkmäler der Stadt.*

88 *Die dem Senatorensaal des Dogenpalastes zu Venedig nachempfundene Prunkdecke des Roten Saales in einem Zyklus von 25 Deckengemälden.*

יהוה

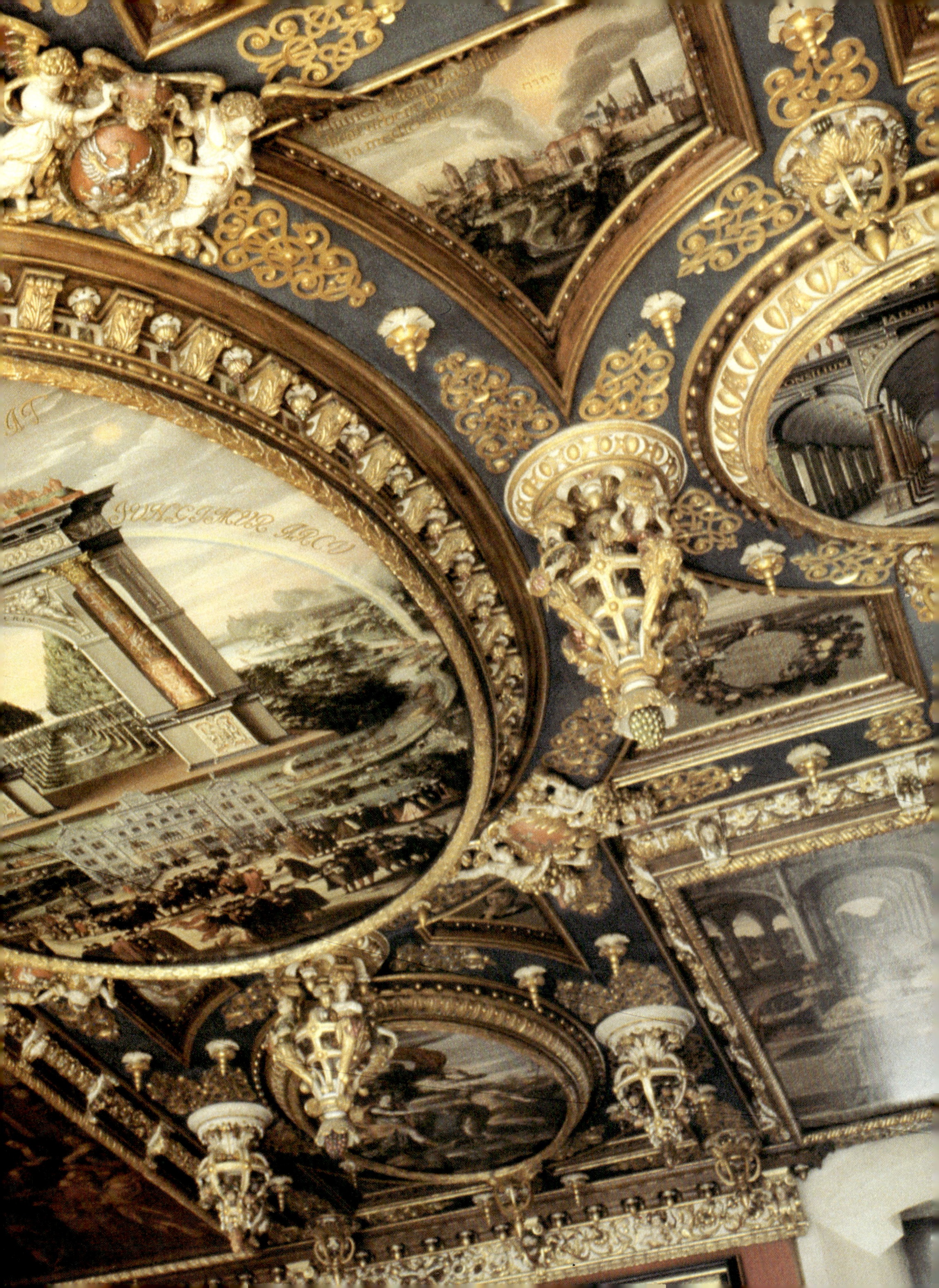

89 Bürgermeister- und Festsaal des Altstädtischen Rathauses, heute für Konzerte und Trauungen genutzt. Die kunstvolle Ausstattung stammt aus dem Patrizierhaus der Fichtes vom Altstädtischen Graben Nr. 69/70.

90 Diele des Altstädt. Rathauses mit Wendeltreppe zum Bürgermeistersaal und Figur eines Schützenkönigs. Decke mit Gemälden aus dem Haus Langgasse Nr. 39.

91 Sibyllengemälde «Der Krieg geht, der Friede kommt».

92 Arkadenwand aus weißem Sandstein gehauen. Sie stand bis 1560 im Patrizierhaus Schumann Ecke Langgasse zur Matzkauschengasse.

93 Ein selten gewordenes Ensemble Altdanziger Wohnkultur in der Diele des Altstädtischen Rathauses.

Darstellungen römischer Gottheiten, Junos, Merkurs und Neptuns. Die Wände sind mit Delfter Kacheln verkleidet. Schöne, schwere Barockmöbel der typischen Danziger Art treffen wir auch im Altstädtischen Rathaus wieder. Wie ein Wunder mutet es an, daß dieses schönste Bauwerk der Altstadt ohne wesentliche Schäden den Krieg überlebte.

Inschriften

Das Deckengemälde in der oberen Diele stammt aus einem Haus der Langgasse. Es weist neun symbolische Darstellungen auf, Mäßigkeit, Gottes Segen, Weisheit, Bona Conscientia, Gottesfurcht, Fleiß, Nächstenliebe, Arbeit und Justitia, mit deutschen Versen:
Mit messigkeit dich allzeit
Als einer Schönen tugend kleid
Den fürwar gantz klar
Und auch Pur zu sehen ist an der figur
das keiner auss holen soll,
Alle Geschirr und die da Woll
Beschenckeit und gemessen sein,
darumb zu einem augenschein
Betracht kein streicholtz und Kornmass
so wirstu stets ohn unterlass
die taffel schon ohn allen schein
mit scepter und Kron halten rein.
Das Ratszimmer, im oberen Stockwerk des Altstädtischen Rathauses, wurde aus dem Hause Altstädtischer Graben (Podwale Staromiejskie) Nr. 69/70 übertragen, das einst dem Ratsherrn Georg Fichtel gehörte. Die Gemälde an der Decke schildern die Leidensgeschichte Christi. An den Wänden die zwölf Sibyllen mit Attributen, zum Beispiel: Sibylle mit dem zerrissenen Band des Todes:
DES LEBENS KÖNIG MIT DER HAND
ZERREISSEN WIRD DES TODES BAND.
Sibylle mit dem Stern von Bethlehem:
ZU BETHLEHEM EIN STERN AUFGEHT
UND WIRD GERÜHMT ZU NAZARETH.
Dazu gehört auch der schöne Kamin aus Marmor mit liegender Figur:

Sey getrew bis in den tot
        Laurentius Falseti fecit.
Der Schmuck des großen Saales, der einst für Festlichkeiten der Bürger bestimmt war, ist bis auf die Decke frei entworfen. Mit dem Altstädtischen Rathaus hängt das im Jahre 1612 erbaute Haus Elisabethkirchengasse 3 zusammen. An der Holzdecke der kleinen Diele befindet sich ein Wappenkranz, darunter das Danziger Wappen, das im Kranz seine Deutung findet:
Die Kron in deinem Wappen weist
das du die Kron in Preussen seyst.
Die Kreutze geben uns zu sehen,
das du bei Christo wolltest stehen.
Was bilden denn die Löwen für?
Der Löwen Art und Muth an dir.
Die Krone im Wappen führt Danzig seit dem Privileg Kasimirs IV. von 1457, die Löwen seit 1532. Der Vers stammt von einem Praetschen Kupferstich von 1644, der nach einer Zeichnung von Hondius die berühmte Seilbahn des Adam Wiebe darstellt. Auf unserem Weg durch die Altstadt machen wir einen Abstecher zur unweit der Pfefferstadt (Korzenna) befindlichen Danziger Werft (Stocznia Gdańska) und der in ihrer Nähe befindlichen Danziger Stadtbibliothek (Biblioteka Gdańska).

Die Danziger Bibliothek

Sie heißt heute Bibliothek der polnischen Akademie der Wissenschaften. Als Bibliotheca Senatus Gedanensis wurde sie im Jahre 1596 gegründet. In ihren Sammlungen befinden sich 52 000 Frühdrucke und 777 Inkunabeln, neben bedeutenden Abteilungen für Kartographie, Handschriften, Graphik, Fotografie und Exlibris.
Die Grundlage der Ratsbibliothek wurde auf eine eigentümliche Weise gelegt. Hundert Jahre nach der abenteuerlichen Odyssee des «Jüngsten Gerichts» von Hans Memling – des schönsten Altarbildes der Stadt, das einst der legendäre Seeheld Paul Benecke erbeutete – schenkte das Meer den seeverwandten Danzigern einen weiteren kostbaren Besitz: eine Bibliothek von über tausend wertvollen Bänden! An einem Augusttage des Jahres 1591 nämlich wurde in die Weichselmündung ein Schiff verschlagen, auf dem ein alter, blinder Mann, so will es die Anekdote, zwischen großen Bücherkisten gesessen haben soll. Es war der neapolitanische Edelmann Marchese Bonifazio d'Oria. Im Franziskanerkloster, dem späteren Stadtmuseum und Gymnasium St. Johann, in der Fleischergasse (ul. Rzeżnikka), fand er eine freundliche Bleibe für die letzten sieben Jahre seines bewegten Lebens. Den Bücherschatz, seinen einzigen Reichtum, vermachte er dem Akademischen Gymnasium.

Alte Büchereien

Diese Büchersammlung ist dann später der Danziger Stadtbibliothek einverleibt worden. Die Sammlungen von kostbaren Büchern dieser Bibliothek legen ein beredtes Zeugnis ab für die geistigen Interessen bibliophiler Bürger, deren Sammlungen der Stadtbücherei zugute kamen. Um sich ein Bild von der Reichhaltigkeit und dem Reichtum dieser Büchereien zu machen, sollte man daran erinnern, daß im 17. und 18. Jahrhundert etwa 60 wissenschaftliche Privatbibliotheken in Danzig vorhanden sind. Nach Pelczar befanden sich unter solchen Büchersammlungen Bibliotheken mit mehr als 20 000 wissenschaftlichen Bänden, die Seltenheitswert besaßen, wie das Werk Flora Japonica aus der reichen, 22 000 Bände umfassenden Bibliothek des Heinrich Rosenberg, aus dem 18. Jahrhundert, das nur in zwei Exemplaren in den zeitgenössischen Bibliotheken Europas bekannt war.

Die glücklicherweise über alle Zeitenstürme erhalten gebliebenen Sammlungen der Danziger Stadtbibliothek bewahren auch eine bedeutende Anzahl alter Danziger Drucke. Denn das Buchdruckerhandwerk in Danzig stellte eine Kunst dar, die auch Gelehrten geläufig war, wie manchen Professoren des Akademischen Gymnasiums.

Zu dem Bestand der Bibliothek zählen die Bände der Bibliotheken der Marien- und Johanniskirche, auch Zappische Bibliothek genannt. Unter den Privatbibliotheken ist die Schwarzwaldische zu nennen, die ursprünglich der Petrischule einverleibt war und durch ein Vermächtnis an die Stadtbibliothek gelangte. Unter den 3500 Bänden finden sich Ausgaben römischer Klassiker, ein Koran und neue Werke der englischen und französischen Literatur. Aus der

94 Mauerfragment der Ordensburg am «Brausenden Wasser» im alten Burgbezirk zwischen dem ungleichseitigen Viereck, gebildet aus der Rittergasse, dem Rähm und der Burgstraße.

Handelsakademie gelangte die Kabrunsche Bibliothek 1677 an die Stadtbibliothek. Die Uphagensche wurde von dem Historiker Johann Uphagen gesammelt, vornehmlich über die Geschichte Polens, Preußens und Danzigs: Mit über 18 000 Bänden gelangte auch sie an die Stadtbibliothek. Ähnliches gilt von Münz- und Gemäldesammlungen. Unter den bedeutenden Gemälden der Bibliothek finden wir das Porträt Luthers von Lucas Cranach, des Dichters Opitz von Strobel, das im Treppenaufgang zu besichtigen ist, und das des Marchese d'Oria, heute im alten Lesesaal, sowie die Bildnisse vieler Danziger Ratsherren und Gelehrter und die Marmorbüste des Hevelius. Heute wird die Bibliotheka Gdańska Polskiej Akademii Nauk von Direktor Zbigniew Nowak geleitet. Das Gebäude selbst hat in einem Anbau zur Petrischule einen neuen, größeren Lesesaal erhalten.

Handschriften, Reisebeschreibungen

Über die in ihrem neuen Refugium aufgestellte Bibliothek lesen wir im Jahre 1860 bei Löschin:
«Zu ihren vornehmsten Schätzen gehören: ein Prachtexemplar der Machina coelestis des Joh. Hevelius und ein ähnliches von seiner Selenographie. Beide sind von ihm selbst ungemein sauber koloriert und sollten zum Geschenke für Ludwig XIV. bestimmt gewesen sein. Der Ratsherr Broen (ein Nachkomme des Hevelius) bezahlte sie in einer Auktion mit 3003 Danziger Gulden, und aus dem Nachlasse seines Sohnes kamen sie

95 Im Jahr 1952 fanden an dieser Stelle archäologische Grabungen statt, die vier Kulturstufen erforschten (11. bis 13. Jahrhundert), an der Gassenecke, die gebildet wird von der Rittergasse und der ehemaligen Kleinen Knüppelgasse. Das Gelände dient heute als Sportplatz.

in diese Bibliothek. Sodann ein von Luther auf der Warteburg ausgearbeitetes Manuskript, welches der Bürgermeister Schwarz für einen hohen Preis in Augsburg ankaufen ließ, und eine deutsche Bibel, auf deren dem Titel vorgebundenen Blätter sich Denksprüche von der Hand Luthers, Melanchthons, Bugenhagens und anderer Reformatoren befinden. Die Zahl der hier vorhandenen (vor 1500 gedruckten) Inkunabeln beläuft sich auf 260; die der alten Handschriften ist (mit Ausnahme der die Danziger Geschichte betreffenden) gering, und es zeichnet sich darunter ein äußerst sauber auf Pergament geschriebener Codex einer Ciceronianischen Schrift aus, der wahrscheinlich aus der letzten Hälfte des 14t. Jahrhunderts herrührt. Auch mit mehreren kostbaren Kupferwerken, vornehmlich Reisebeschreibungen, ist diese Büchersammlung ausgestattet. Vor allen gehört dahin die Description de l'Egypte, welche an 1000 Thaler kostet. Manches dieser Kupferwerke, sowie auch andere werthvolle Bücher, darunter vornehmlich die als typographisches Kunstwerk anzusehende Prachtausgabe der Schriften Friedrichs II. verdankt sie, durch Vermittlung des gelehrten und kunstsinnigen Geh. Rathes v. Olfers, der Munifizenz des Königs Friedrich Wilhelms IV. – Auch besitzt sie eine schätzbare Sammlung alter Musikalien, ‹wie sie› – nach Aussage Dörings (in seinem ‹Zur Geschichte der Musik in Preussen›) – ‹eine andere Provinzialstadt wohl schwerlich in gleich großem Umfange, namentlich an Tonwerken des 16. und 17. Jahrhunderts aufzuweisen hat.› Der Hauptbestandteil dieser Sammlung, der vornehmlich Werke italienischer und niederländischer Meister enthält, ist ihr im Jahre 1615 von Raphael Cnofius geschenkt worden.»

Auf dem Schüsseldamm Nr. 3 (Łagiewniki) befindet sich heute die im Jahr 1947 in Zoppot gegründete Hochschule für Musik, die 1966 nach Danzig verlegt wurde. Im gleichen Gebäude residieren auch die Ober- und Grundschule für Musik. An der Ecke zur Samtgasse (ul. Aksamitna) hat ein Institut des berühmten Ossolineums aus Lemberg (Lwow) eine neue Bleibe gefunden. Es wurde 1817 von dem polnischen Grafen Josef Maximilian Ossolinski als Bibliothek, mit einem Handschriftenarchiv, Gemäldegalerie, Druckerei und Buchhandel als eine Repräsentation polnisches Geisteslebens in Lemberg gegründet. Die Traditionsnachfolge des Ossolineums ist auf die Universität Breslau übergegangen. Erst in der Nachkriegszeit wurde hier das Reisetagebuch Chodowieckis über seine zweite Reise nach Dresden und Leipzig aus dem Jahr 1789 aufgefunden. Es war mit der Sammlung Pawlikowski 1921 in die Kunstsammlungen der Bibliothek des Ossolinskischen Instituts in Lemberg gelangt.

Die St.-Jakobs-Kirche am Schüsseldamm

Das Gebäude wurde als Kapelle des im Jahr 1415 begründeten Schifferhospitals 1433 errichtet, als Dank des Ritterordens für die Verteidigung der Marienburg durch die Danziger Schiffskinder (Seeleute) im Jahr 1410 nach der Niederlage des Ordens in der Schlacht von Tannenberg. Diese eher unscheinbar wirkende alte Schifferkirche hatte ein merkwürdiges Schicksal. Schon 1433 wurde das Kirchengebäude von den Hussitten zerstört. Der Wiederaufbau wurde mit Hilfe vieler Ablaßbriefe, von denen einer von 22 römischen Kardinälen ausgefertigt wurde, ermöglicht. Zweihundert Jahre danach wurde das Gebäude durch einen Blitzeinschlag völlig zerstört und bekam mit dem Wiederaufbau 1639 einen neuen Glockenturm. Löschin erwähnt in seinem Buch „Danzig und seine Umgebungen" (1860), daß diese Kirche in der Danziger Religionsgeschichte eine besondere Rolle gespielt hat, weil an ihrem Altar zuerst das Abendmahl in beiderlei Gestalt verteilt wurde (1555). Durch die Explosion des nahegelegenen Pulverturms wurde das Gebäude im Jahr 1815 so schwer beschädigt, daß man beim Wiederaufbau keine Kirche mehr einrichtete, sondern die Rats- und Stadtbibliothek, die in den Räumen des ehemaligen Franziskanerklosters keine Bleibe mehr behalten konnte, weil die zur Zeit der napoleonischen Besatzung und auch in der anschließenden preußischen Zeit für ein Lazarett verwendet wurden.

96 *Arbeiterdenkmal (Dreikreuz) vor der Danziger Werft. Im Hintergrund der unversehrte Neubau aus den 30er Jahren, der Allgemeinen Ortskrankenkasse an der Wallgasse, vor der ebenfalls noch vorhandenen Messehalle.*

Die Werft

In der unmittelbaren Nachbarschaft befinden sich Petrischule und das Staatsarchiv mit unschätzbaren Quellen zur Geschichte Danzigs und Pommerellens. Unweit dieses in einem dreieckigen Grundriß kurz nach der Jahrhundertwende errichteten Gebäudekomplexes am früheren Hansaplatz (Kupiekka) ist vor dem Eingang zur Danziger Werft das Dreikreuz sichtbar, das Denkmal der Werftarbeiter, das dem Andenken der im Dezember 1970 erschossenen Streikenden im Dezember 1980 errichtet wurde. Hier wurde auch das neue Segelschulschiff «Dar Młodzieży». (Geschenk der Jugend) gebaut, das im Juli 1982 in Gdynia in Dienst gestellt wurde. Es löste das legendäre Segelschulschiff «Dar Pomorza», einst Kaiserliche Marine, ab. Die zehntgrößte Werft der Welt, Stocznia Gdańska im. Lenin, baut hauptsächlich Fischerei- und Fabrikmutterschiffe.

Wo Burg und Schloß einst standen

Im Fünfeck der Gassen Rähm (Sukiennicza), Karpfenseigen (Karpia) und Burgstraße (Grodzka), das durchschnitten wird von der Zapfen- (ul. Czopowa), Ritter- (ul. Rycerska) und Kleinen Knüppelgasse (Na Dylach), wurde auf einer Insel etwa im Jahre 980 eine pomoranische Burg errichtet. Mit der Einnahme Danzigs durch den Ritterorden wurde auf dem gleichen Gelände das Ordensschloß erbaut, das die Bevölkerung 1454 zerstörte. Als einziges Überbleibsel ist ein Burgturm in der Ufergasse erhalten, der als Wohnhaus Jahrhunderte überdauerte, Am Brausenden Wasser (Wartka) Nr. 8. An diesem Haus schließen sich zur Wasserseite sichtbare Fundamente und Mauerreste an. In der Burgstraße steht ein Haus aus dem 17. Jahrhundert und ein Speicher aus dem Jahr 1771. Der Schwanenturm (Baszta Łabęż) am ehemaligen Fischmarkt (Rybackie Pobrzeże) wurde an Stelle eines Vorwerks des Ordensschlosses im 15. Jahrhundert errichtet. In Richtung zur Burg waren die Wände drei Meter gemauert, zur Stadtseite dagegen beträgt der Mauerdurchmesser nur 60 cm. Nach 1945 entdeckten Archäologen an der Stelle der früheren Burg der Kreuzung ul. Dylinki ul. Rycerska (Kleine Knüppelgasse,

97 Bernsteinsuchende Kinder an der Kalktorbrücke, bei Brabank, der Einmündung des Radaunekanals in die Mottlau.

Griechen die Elektriden geheißen, die Bernsteininseln.

Die ersten germanischen Spuren lassen sich hier aber erst in der Bronzezeit nachweisen (um 1200 v. Chr.). Die germanischen Gräber- und Wohnstättenfunde stimmen überein mit den Nachrichten alter Schriftsteller, wie Tacitus, Ptolomäus und Jordanes. Von den Funden sind die bekanntesten eine kunstvolle Bronzekette, die von den Vorgeschichtsforschern als die «Kette von Danzig» bezeichnet wird, und das «Schwert von Oliva». Zu diesen Funden in der Nähe der Küste zählen auch Halsringe, Zaumzeug und Äxte.

In dem der Bronzezeit folgenden Zeitabschnitt, der älteren Eisenzeit, sind eine beträchtliche Anzahl von Steinkistengräbern erhalten. Auch die berühmten Gesichtsurnen fand man in der Umgebung von Oliva und Zoppot.

Rittergasse) Holzkonstruktionen frühmittelalterlicher Häuser aus dem 10. Jahrhundert.

Hier hatte ich bei meinem zweiten Besuch der Heimat im Jahr 1983 ein seltsames Erlebnis. Ich sah Kinder im Sand spielen, und ihre Finger schürften nach irgendeinem Fund, wie es Kinder tun, seien es Muscheln oder bunte Steine. Ich sah, wie sie in ihren kleinen Händen Krümchen bargen und fragte sie, was sie dort suchten: Co to jest? (Was ist das?), und sie antworteten, was ich nie erwartet hätte: «To jest Bursztyn»! (Das ist Bernstein!) Und sie zeigten mir die goldblinkenden Krümchen in ihren Händen. Es war das Gold der Ostsee, das ich sah, Bernstein, das hier einst angeschwemmt wurde, als dieses Ufer des Mottlauflusses in der Altstadt vor Jahrtausenden eine Bucht der Ostsee war.

Bernsteinstraße – Bernsteinfluß – Bernsteininseln

Die Vermutung, daß hier schon vor 4000 Jahren Bernstein gesammelt und gehandelt wurde, legen die Funde baltischen Bernsteins in den Schachtgräbern der frühmykenischen Zeit (um 1600 v. Chr.) nahe, die auf den alten Handelsweg der Bernsteinstraße hinweisen, die von den südlichen Gestaden der Ostsee ihren Ausgang nahm. Auch Herodot schreibt von dem Eridanfluß im äußersten Europa, Bernsteinfluß genannt, und von den Inseln vor der Mündung des Flusses, von den

Völkerwanderung – Schicksalswende

Schiffe gotischer Landsucher aus Öster- und Västergötland legten in der Weichselbucht erst um die Zeitwende an. Wie Jordanes berichtet, gaben sie ihrer neuen Heimat den Namen Gothiskandza, aus dem sich wohl die Bezeichnung Kandza, Gdańsk, Danzig ableitete. Sie sind hier auf die damals im Weichseltal ansässigen Völker der Burgunder und Rugier gestoßen, denen die Gepiden folgten. Römische Münzen, Silberdenare und Glasperlen gelangten auf dem Handelsweg aus dem Römischen Imperium an die südliche Küste der Ostsee. Bis in das 5. Jahrhundert n. Chr. reichen diese Funde zurück. Dann setzt eine Fundleere ein, die zeitlich übereinstimmt mit der Abwanderung der Germanen. Für das Land der unteren Weichsel wird die Völkerwanderung zu einer Schicksalswende. Nach mehr als einem Jahrtausend germanischer Besiedlung wird es nun von den nachdrängenden Slawen eingenommen.

Der erste Name der Stadt

Den Königen der Goten, die in den Königsgräbern bei Pilgramsdorf bestattet liegen, den Burgunder- und Gepidenfürsten, folgen die Herzöge der Pomoranen, der Meeresanwohner. Ihre Nachbarn sind die Prussen, Bewohner des Landes am östlichen Ufer der Unterweichsel. Die südlichen Nachbarn beider Völker sind die Polanen, nach ihrem Namen «Landbewohner». Die kassubischen Küstenbewohner sprechen eine eigene Sprache, die sich vom Polnischen, das auf der vorletzten Silbe betont, unterscheidet. Die Polanen, als polnische Landbewohner, haben indessen keine Wohnsitze am Meer oder an der Küste besessen.

Bischof Adalbert von Prag bekehrt im Juli 997 die ersten Pomoranen zum Christentum. In Danzig hält er eine Predigt und tauft dort. Mit dieser Mission Adalberts wird die Ortschaft Danzig mit der Burg des pomoranischen Fürsten zum erstenmal geschichtlich als Gyddanycz aufgezeichnet. Um das Jahr 1200 wird das Zisterzienserkloster Oliva zum Mittelpunkt deutscher Kultur, wie die Klostergründungen in St. Albrecht, Zuckau, Zarnowitz und Pelplin. Die deutsche Kaufmannssiedlung Danzig wird zu einer Stadt deutschen Rechts erhoben. Neben die deutschen Mönche und Kaufleute tritt der Deutsche Ritterorden, der dem Land an der Unterweichsel mit den aus rotem Backstein gebauten Ordensburgen ein bis in unsere Zeit unverwechselbares Gesicht aufprägt.

Der salzhaltige Wind vom Meer

Herzog Konrad von Masowien, dessen Land nach einem mißlungenen Feldzug gegen die heidnischen Prussen deren ständigen Rachezügen ausgesetzt ist, ruft im Anfang des 13. Jahrhunderts den Deutschen Ritterorden ins Land und gibt ihm das Kulmerland zu Lehen, mit Thorn, Kulm und Graudenz. Von dieser Basis aus werden (im 13. Jahrhundert) die Prussen und (Anfangs des 14. Jahrhunderts) deren westliche Nachbarn, die Pomoranen, unterworfen und christianisiert. Diese lateinische Zivilisation bereitete sich hier verhältnismäßig schnell aus.

Der «salzhaltige Wind vom Meer» hat seit allen Zeiten sich diesem Land verschwistert, ohne den das Binnenland Polen glaubt, nicht leben zu können. Hier wird der tragische Konflikt offenbar, in den das Land der Weichselniederung, durch seine seebeherrschende Lage, mit der im Schnittpunkt wichtiger Interessen gelegenen Handels- und Seestadt Danzig, in den nächsten Jahrhunderten hineingezogen wird. Der Zugang Polens zum Meer, der «Korridor», wird fortan zu einem Politikum ersten Ranges,

98 Blick auf den ältesten Teil der Altstadt «Hakelwerk» mit dem Volksbad und der Hakelwerkschule, von der Spendhausneugasse aus betrachtet.

ja, zu einer Frage, die in einem engen Zusammenhang mit der Ehre und der Selbstachtung der Polen steht. Während diese den deutschen «Drang nach dem Osten» verdammen, stellt sich für sie der Drang zum Meer als ein Wurzelgrund des polnischen Lebensbaumes dar. Polnische Historie sieht Größe und Sendung der polnischen Nation als einen Baum, dessen Wurzeln die Ostsee nährt. In diesem Brennpunkt beider Lebensinteressen, der polnischen wie der deutschen, liegt Westpreußens Schicksal und Tragik begründet. Manthey beruft die heldnischen Gestalten der polnischen Könige, die von ihrer Geschichtsschreibung das Beiwort «groß» nur führen durften, wenn sie ihre Speere ins Wasser der Ostsee getaucht hatten.

Polnische Post und Spendhaus
(Poczta Polska i Dawne przytułki dla dzieci i starców)

Im Altstadtgebiet besuchen wir die historischen Stätten der «Polnischen Post» und des Spendhauses. Die ehemalige «Polnische Post» wurde als Gebäude des früheren preußischen Garnisonlazaretts von Schinkel 1844 erbaut. Bekannt wurde der Bau durch die Verschanzung von 45 polnischen Postbeamten und Angestellten am 1. September 1939. Günter Grass hat in seinem Roman «Die Blechtrommel» ein Kapitel dem tragischen Hintergrund des ersten Kriegstages des Zweiten Weltkrieges gewidmet.

Auf der gegenüberliegenden Seite erkennen wir einen weißleuchtenden Flügelbau, das ehemalige Waisen- und Spendhaus, das der Danziger Baumeister Barthel Ranisch 1699 vollendete.

Die Stiftertafeln über dem Eingang zur früheren Kapelle berichten in deutschen Inschriften über die Entstehung und ihre Wohltäter:
«Diese Kirche
ist durch gütigen Beytrag
Gott wohlbekannter Wohltäter
inwendig gesencket
und Anno 1753
verfertigt worden.
Zur selben Zeit waren
Herr Carl Grodeck
Herr Ludwig Gottfried Jantzen
Rathsverw. Der Rechten Stadt
Herr Carl Friedrich Eichmann
Rathsverw. Der Alten Stadt
Hochverdiente Provisores
vnd
Ludwig Weissschnur
Ephraim Blech
Nathanael Gorges
Vorsteher des Spendamtes.»
«Diese
Tröst – Kammer
ist durch
gütigen Beytrag
Gott wohlbekannter Wohltäter
Anno M.D. CCXLVIII
Erbauet worden
da.

99/100 *Stiftertafeln am Spendhaus.*

Herr Friedrich Reyger
Herr Johann Bentzmann
Rathsverw. Der Rechtstadt
Herr Karl Friedrich Eichmann
Raths.Verw. der Altstadt
Hochverdient Provisores
Peter Dodenhöft
Johann Zugraff
Johann Valentin Loebel
Dieser Zeit Vorstehere waren.»

101 *Frühjahrsputz am Spendhaus. Im Hintergrund das einzige von den Kriegszerstörungen übriggebliebene Haus «Am Schild», überragt vom Gestänge eines Gaskessels an der Wallgasse. Dahinter Werftkräne.*

102 *Das Gebäude der am 1. September 1939 von polnischen Postbeamten verteidigten «Polnischen Post», ein Schinkelbau, der bis zum Ende des Ersten Weltkriegs Garnisonlazarett war. Im Vordergrund das Spendhaus, in dem Jahr 1699 von Barthel Ranisch errichtet.*

103 *Das rekonstruierte Häckertor mit Schwanenturm am Fischmarkt.*

104 *Ein weiterer «Malerblick» vom «Brausenden Wasser» am «Alten Schloß» mit den Türmen des Häckertores, des Rechtstädt. Rathauses, der Marien- und Johanniskirche.*

Ein wiederentdecktes Bild

Von der Burg über den Fischmarkt kommend, nähern wir uns dem Krantor über die Drehergasse (ul. Tokarska), nachdem wir die Häker- (ul. Straganiarska) und Johannisgasse (ul. Świętojańska) gekreuzt und ihre Wassertore angesehen haben. Jetzt kehren wir in der Breitgasse (ul. Szeroka), unweit der Rückseite des Krantores (Żuraw) zuerst in der traditionellen Danziger Likörstube «Der Lachs» ein, dessen «Danziger Goldwasser» in aller Welt geschätzt wird. Es ist ein Likör, in dem reines, dünnes Blattgold schwimmt, und den wir hier einnehmen, um uns zu stärken für die letzten drei wichtigen Besichtigungen: des Krantores mit dem Zentralen Meeresmuseum, des Archäologischen Museums im Frauentor und dem Haus der Naturforschenden Gesellschaft, und der Marienkirche.

Ein Blick in die Heiligengeistgasse (ul. Św. Ducha) mit dem Geburtshaus Johanna Schopenhauers neben dem hohen Giebelhaus der Schiffergilde und dem Geburtshaus ihres Sohnes, des Philosophen, zwischen der Goldschmiede- (ul. Złotników) und der Ziegengasse (ul. Kozia). Auch Chodowiecki verlebte hier in der Heiligengeistgasse seine Jugend. Aber die Gassenseite wurde nicht wiederaufgebaut, nur einige Beischläge wachsen in den Himmel. Es ist ein trauriger Anblick, eine Gasse wiederzusehen, die nur aus einer Häuserzeile besteht; aber ist es nicht tröstlich, dies daran zu messen, daß hier nach dem fürchterlichen Ende des Zweiten Weltkrieges überhaupt keine Häuser mehr standen? Auch das Wassertor dieser historischen Gasse ist noch nicht wiederaufgebaut worden. Aber dafür werden uns die Zeilen der Frauengasse (ul. Mariacka) reichlich entschädigen; und wir werden mit großem Staunen wahrnehmen, wie stark der Überlebenswille hier aus dem Chaos von Trümmern eine neue Gasse errichtete, die von der zerstörten kaum zu unterscheiden ist. Man spricht von einer «Wiedergeburt», und es grenzt an ein Wunder, wenn wir die aus den Ruinensteinen und Trümmerresten aufgebaute Gasse wiedererleben, als sei sie wie unberührt von dem Schicksal der Vernichtung aus der Tiefe ihres Untergangs aufgestiegen. Es wäre ein Versäumnis, nicht jenen zu danken, die das Wunder vollbrachten, den Arbeitern und Architekten, die im Wetteifer mit ihren Vorgängern aus dem Torso einer der schönsten Gassen der Stadt ein lebendiges, durchpulstes und in seiner täuschenden Ähnlichkeit wiedererwecktes Bild mit einer beneidenswerten Schöpferkraft gestaltet haben.

Wassertore und Speicherinseln

Die Speicherinsel Wyspa Spichrzow liegt gegenüber der Langen Brücke, dem malerischen Kai des alten Danziger Hafens, mit Wassertoren bewehrt, die den östlichen Eingang der Stadt bewachten. Von Süden gesehen sind es das Kuhtor (Brama Krownia), das Grüne Tor (Brama Zielona), das Brotbänkentor (Brama Chlebnicka), das Frauentor (Brama Mariacka) Überreste des Heiligengeist-Tores (Brama Świętego Ducha), Krantor (Żuraw), das Johannistor (Brama Świętego Jana) und das Häkertor (Brama Stragniarska). Von den bis zum Ende des Zweiten Weltkrieges erhalten gebliebenen 175 Speicherbauten blieb nur ein einziger unversehrt, der

105 *Die ältesten Wehrbauten der Speicherinsel, die Milchkannentürme, Relikte des nicht beendeten Milchkannentores.*

106 *Speicherruinen in der Hopfengasse auf der Speicherinsel.*

107 *Rekonstruktion eines Speichers auf der Speicherinsel, die nach und nach wieder mit Rekonstruktionen bebaut wird.*

108 *Speicher zwischen der Kuh- und der Aschbrücke an der Mottlau.*

109 *Blick auf Krantor und St. Johann von der «Schäferei» an der «Neuen Mottlau, dem zweiten Mottlauarm, der im Mittelalter künstlich geschaffen wurde, um so die Speicher auf einer Insel besser vor Feuersbrünsten zu sichern.*

1930 abgebrannte und in Gestalt eines massiven Ziegelbaus wiedererrichtete Speicher «Deo Gloria». Inzwischen wurde eine ganze Reihe von Speichern besonders in der Südhälfte der von den beiden Mottlauarmen umflossenen Speicherinsel wiederaufgebaut. Auch auf der dem Krantor gegenüberliegenden Bleihofinsel (Olowianka) sind es die drei großen Speicher der Zisterziensermönche «Olivenbaum» (Oliwski) aus dem 15. Jahrhundert in gotischem Stil, «Jungfer» (Panna) aus dem 17. und «Kupfer» (Miedź) aus dem 19. Jahrhundert. Der schönste und bedeutendste Speicher in Renaissancestil ist der Königsspeicher (Spichrz Królewski), von Abraham von dem Block und Georg Strakofski für die Aufbewahrung der königlichen Güter erbaut. Diese Speichergruppe wird als Dependance zu dem im Krantor eingerichteten Meeres- und Schiffahrtsmuseum neuzeitliche Ausstellungen aufnehmen und neue Einsichten in die maritime Geschichte Danzigs bieten.

Langgarten und Niederstadt (Długie Ogrody/ Dolne Miasto)

Überreste der mittelalterlichen Befestigung der Speicherinsel sind die beiden ungleichen Milchkannentürme an der Brücke nach Langgarten und zur Niederstadt. Sie sind alte Relikte eines nicht vollendeten Milchkannentores. Die Barbarakirche auf Langgarten entstand im 14. Jahrhundert als Kapelle des Barbarahospitals, in dem zuerst kranke Weichselflößer aufgenommen wurden. Die gegenwärtige ▷ Kirche stammt aus dem Jahr 1436, der Oberteil des 1945 zerstörten Turmes aus dem Jahr 1728. In die Weichselniederung führt die Landstraße nach Elbing und Marienburg durch die Elbląska am Langgarter Tor (Brama Żuławska) vorbei, das Stadtbaumeister Georg Strakofski 1628 erbaute. Es stand im ostsüdlichen Kreis der zehn Bastio-

99

110 *Das Werdertor auf Langgarten gegen Kneipab stand einst zwischen den Wällen im ost-südlichen Kreis der zehn Bastionen, von denen noch fünf erhalten sind.*

◁ 111 *Rekonstruiertes Barockwohnhaus an der Schäferei «Zum Mohren».*

112 *Langgarten in Richtung Stadtmitte, mit Barbarakirche und Milchkannenturm.* ▷

nen, die nach holländischen Vorbildern errichtet wurden. In der Niederstadt sind an altertümlichen Bauwerken erwähnenswert das Leege Tor (Brama Nizinna) und die Steinschleuse (Śluza Kamienna) am südlichen Stadtausgang aus der ersten Hälfte des 17. Jahrhunderts. Die Schleuse regulierte den Wasserstand in den Wassergräben der Befestigungsanlagen. Erhalten geblieben sind die Husarenkaserne, das Straßenbahndepot, die Gewehrfabrik und das Marienkrankenhaus mit Kapelle, wie auch das Gebäude des einstigen Königlichen Gymnasiums an der Einmündung der Weidengasse nach Langgarten. An der Schäferei (Szafarnia) ist das schöne Haus zum Mohren mit der Barockfassade, die Residenz des Bildhauers Stryjeck aus dem Jahr 1728, das durch Kriegseinwirkungen zerstört wurde, rekonstruiert worden.

Orientalische Pracht

Der französische Gesandtschaftssekretär Tercier gibt im Sommer des Jahres 1734 eine überschwengliche Schilderung Danzigs ab: «Die Boulevards von Paris, die Gärten von Versailles, wenn die Wasser springen, bieten keinen so ergötzlichen Anblick dar als Danzigs Langgarten, die breite Straße der Niederstadt . . .

. . . diese orientalische Pracht der polnischen Großen, diese kostbaren langen Röcke über seidenen Unterkleidern, deren enganschließende Ärmel unter dem weiten und aufgeschlitzten Obergewande durchschauen, diese abenteuerlichen Mützen, oft mit Reiherbüschen besetzt, diese kurz abgeschnittenen Haare, diese Gürtel mit den schillernden Farben, mit Blumen- und Tierbildern, diese runden, langhängenden Säbel, die sie Sarras nennen, und dabei diese Pracht der Edelsteine! Und dann neben den Sarmaten die Bürgermeister und Rathsherrn von Danzig, jeder einzelne ernster und gravitätischer als nur je ein König von Spanien, mit der Pracht ihrer schwarzseidenen oder samtenen Gewänder, ihrer Krausen, Manschetten und unermeßlichen Perücken und dagegen wieder die alten Militärs mit dem echt martialischen Anstande à la Charles XII. und die bewaffneten Bürgeroffiziere – die so häufig über ihre Degen stolpern. Und dann wieder die ehrbaren Kauf- und Handelsherren in buntscheckigen Farben, welche selbst den Neid eines brasilianischen Papageis erregen könnten. Dazu noch die verschmitzten Gestalten polnischer Juden, morgenländische Physiognomien in morgenländischen Gewändern. Kurz, etwas so Buntes wie diese Langgarter Promenade werde ich nie wieder sehen. Das Beste und Erfreulichste davon sind die Damen, ich habe fast kein Land

113 *Breitgasse mit Krantor von der Innenseite. Rechts Wirtsschild der alten Likörfabrik «Der Lachs», die seit Jahrhunderten das «Danziger Goldwasser» destillierte (mit echtem Blattgold!).*

114 *Eingang zum Restaurant «Der Lachs» in der Breitgasse.*

gefunden, wo sie im allgemeinen so schön sind.
Sie sind hier alle sehr weiß und haben viel Liebliches.»

Krantor und Schiffahrt

Driften, Traften und Dubassen beherrschten die Mottlau lange bevor das berühmte Krantor, eines der Wahrzeichen der Stadt Danzig, als Ziegelbau errichtet wurde. Zur Ordenszeit gab es zwei Krane, die zum Aufziehen der Schiffsgüter dienten. Einen, den der Orden an seinem Schloß angelegt hatte, und einen zweiten der Rechtstadt, den die Bürger von Danzig am Wassertor der Breitgasse, dem Krantor, errichteten. Nur das Fundament dieses hölzernen Kranes war mit gotländischen Steinen befestigt. Der berühmt gewordene Ziegelbau des Krantores, der im Jahr 1444 von den Bürgern gegen den Willen des Ordens erbaut wurde, nachdem der hölzerne Bau abgebrannt war, erlebte ein halbes Jahrtausend. Im März 1945 brannte er bis auf die Turmstümpfe nieder.

Die Flößerschiffahrt war auf der mit reichen Wassermassen sich langsam fortschiebenden Weichsel, die zu Zeiten der Schneeschmelze oder starker Eisgänge zu einem weite Strecken des flachen Landes überschwemmenden, reißenden Strom anschwoll, seit den ältesten Zeiten üblich. Die mit Querhölzern und Baststricken versehenen, breit ausladenden Flöße hatten den Vorteil, leicht wieder in ihre Bestandteile zerlegt zu werden, die am Ankunftsort, im Danziger Hafen, auseinandergenommen und mitsamt ihrer Ladung verkauft werden konnten. Jene eigenartigen und für die Stromweichsel charakteristischen Wasserfahrzeuge, die auf ihrer Talfahrt vor allem Getreide, aber auch Erzeugnisse der Wälder, Asche, Pech und Teer hinabführten, wurden Dubassen, auch Triften oder Draften genannt. Die Führer dieser Fahrzeuge, die während der langen Wasserreise mit der «Flissaken» genannten Mannschaft in Strohhütten kampierten, werden in ihrer exotischen Aufmachung äußerst anschaulich von Johanna Schopenhauer in ihrem Lebensbuch «Jugendleben und Wanderjahre» geschildert. Noch im 19. Jahrhundert war einer der bedeutenden Maler Danzigs, Professor Stryowski, besonders durch seine mit Vorliebe gemalten «Flissakenbilder» bekannt geworden. Im 20. Jahrhundert gab es weder Flöße noch Flissaken, diese hatte der Zeitenwandel längst ausgebootet. Die großen Weichselkähne aber hießen, in Überlieferung ihrer Vorläufer, Dubassen – und ein «Dubass» war für den alten Danziger einfach jedes große Ding an sich, so tief war der Name der ordenszeitlichen Wasserfahrzeuge im Sprachgebrauch verwurzelt. Danzig ist oft die Krone der Weichsel genannt worden. Es war vor Zeiten für den nordeuropäischen Osten eigentlich das Tor zur Welt.

Die Schiffahrt hat Danzig im buchstäblichen Sinn des Wortes steinreich gemacht und seine Steine noch vergoldet. Die Schiffahrt aber setzte den Schiffsbau voraus. Die beiden Werften, die ersten in der

Geschichte der Stadt, waren die Lastadie mit ihren Dielenfeldern, die zum Auflagern des Bauholzes und zum Aufsetzen der Schiffe dienten, wie dem Bordingsfeld und dem Mastenfeld, die andere war die Brabank oder Bragebank, die aber mehr zum Ausbessern der Schiffe bestand.

Alte Danziger Schiffe

Die Namen der Danziger Schiffe waren seit alters her marianisch, wie ja auch eines der letzten deutschen Danziger Schiffe den Namen «Sankt Marien» geführt hat. Die ersten Friedenskoggen und Orlogschiffe waren auf die Namen «Maria», «Marienknecht» und «Mariendrache» getauft. Daneben waren die meisten Namen der Schiffe von den Heiligen entlehnt, wie es der christlichen Seefahrt gebührte: Christoffer war wohl der häufigste Koggenname. Aber auch Reynoldus, Barbara, Peter, wie auch Peter von Danzig, Trinitatis, Jacob und Jürgen führten die Danziger Flagge über die von Seeräubern gefährdeten Schiffswege: auf rotem Grund zwei übereinanderstehende, von einer goldenen Blattkrone gefirstete weiße Kreuze. Die Seeschiffe waren die Koggen, die dem Handelsverkehr als Friedenskoggen dienten, und die für den Kriegsfall, mit zahlreichen Kanonen bestückt, hießen Orlogschiffe. Daneben gab es den Holk, den Kreyer, die Barse und die Schute. Holke und Koggen sind in der Größe meistens gleich und unterscheiden sich offenbar mehr in der Bauart und dem Takelwerk. Der Holk «Christoffer» wird im Jahre 1428 für 1600 Mark gebaut, der Holk «Reynoldus» 1443 für 1828 Mark verkauft. Die Kreyer sind im Verhältnis zu den Holken und Koggen kleine Seeschiffe. Während bei Seekriegen die Koggen 40 bis 100 Gewappnete außer dem Schiffsvolk fassen, haben die Kreyer, welche für den Lebensmittelvorrat der Kriegsschiffe sorgen, nur 10 Gewappnete an Bord. Die Barsen sind ebenfalls kleinere Schiffe; jedoch kostet die Barse «Catharina» im Jahr 1430 die Kaufsumme von 430 Mark. Die Schuten werden hauptsächlich zum Heranführen der Heringsfänge von Bornholm und Schonen gebraucht. Den Friedenskoggen als kleinere Fahrzeuge werden die Schnicken beigegeben; die größte Schaluppe eines Kauffahrteischiffes ist die Esping, die 17 Mann faßt. An Gattungsnamen von Schiffen werden auch Balinger, Busen und Eyner genannt.

Zu den «Schiffskindern», der Besatzung, zählten der Schiffer, Steuermann, Zimmermann, Reffsteuermann, Hauptbootsmann, Schiffsmanne, Bottsmanne, Putken und Knechte. Der Schifferstand war angesehen. Handelsherren, selbst zu Rathmannen aufgestiegen, hielten es nicht unter ihrer Würde, Schiffsführer zu bleiben.

Seemuseum (Muzeum Morskie) im Krantor

Das Krantor an der Langen Brücke gehört zu den unverwechselbaren Wahrzeichen der Stadt Danzig. Es ist nach der Zerstörung im März 1945 in seiner alten Gestalt rekonstruiert worden. Eine behäbige Würde, die es ausstrahlt, verschwistert es dem Rumpf der Koggen, Karvellen und Kauffahrteischiffe, die von hier ausgehend die Meere der Alten Welt mit dem Getreide Polens durchpflügten. Auch die hölzernen Treträder in seinem Bauch, die einst von verurteilten Gefangenen getreten wurden, um die schweren Lasten bis zu zwei Tonnen Gewicht über 27 Meter hoch zu heben, finden wir bei unserem Besuch wieder.

In den uns anempfohlenen Besichtigungspantoffeln schlürfen wir über die schweren Eichentreppen der Stockwerke in den mächtigen Rundtürmen, die das eigentliche Hebetor flankieren, um das neue Museum für Meereskunde und Schiffahrt zu besichtigen. Die schwere, eiserne Kette des Krans hing von seinem damals noch spitzen Giebel (der heute in Form eines Walmdachs abgeflacht ist) bis auf das Wasser des Mottlauflusses, mit einem riesigen Haken am Ende, hinunter. Jetzt ist sie wieder verschollen.

Das Museum gliedert sich in mehrere Sektionen, wie die der Geschichte des Gdinger Hafenneubaus in den zwanziger Jahren unseres Jahrhunderts oder die Historie des alten Danziger Hafens und der Speicherinsel, der Weichselschiffahrt und Flößerei. Bilder zeitgenössischer Maler erzählen uns die allerjüngste Geschichte des Ausbaus des neuen modernen Nordhafens nach dem Krieg. Andere Sektionen bieten Einblicke in Seehandel, Schiffsbau, die Entwicklung der Binnengewässer, der Fischerei oder der Marine.

Schöne alte Schiffsmodelle aus dem Artushof bereichern die Ausstellungssäle mit der Danziger Schiffstradition ebenso wie die Rekonstruktionen älterer Weichselschiffe bis zu den Modellen aller Schiffe, die seit der Wiedererrichtung der Danziger Werft in der Nachkriegszeit hier gebaut wurden. Interessant sind die Funde eines schwedischen Kriegsschiffes des 17. Jahrhunderts und eines Kauffahrteischiffs aus dem 16. Jahrhundert, die in der Nachkriegsära vom Grund der Danziger Bucht geborgen wurden. Zu den seegeschichtlichen Sammlungen gehören flache Kupferbarren, von Tauchern aus diesen Wracks gehoben, und aus Bronze gegossene Schiffskanonen. Ein Raum ist dem Romancier Josef Conrad gewidmet, dessen Seeromane allerdings keine Beziehung zu Danzig haben, sowie Werke holländischer Marinemaler. Von dem berühmten Seehelden Danzigs, Paul Beneke, oder einer die Seefahrt verklärenden Lyrik eines Martin Damss fehlt leider jede Spur. Navigationsinstrumente, Flaggen, Schiffszubehör und freskenartige Darstellungen der Küste ergänzen die überraschend vielseitigen zur Schau gestellten Sammlungen und Kunstwerke.

Archäologisches Museum

Das Archäologische Museum wurde 1953 in den Räumen des gotischen Frauentors (Brama Mariacka) und des Renaissancegebäudes daneben etabliert.
Im Saal der Urgeschichte von Pomerellen sehen wir eine Anzahl von Gesichtsurnen der Vorzeit. Auch photographische Aufnahmen von den Ausgrabungsarbeiten in dem Gebiet der Danziger Burg in der Nachkriegszeit. Das Archäologische Museum hat es sich zur Aufgabe gemacht, vor allen die vor- und altslawischen Kulturen zu erforschen sowie das frühmittelalterliche Siedlungswesen. Die Bernsteinsammlung ist bedeutend. Im Raum mit den rekonstruierten frühmittelalterlichen Booten sind auch die freigelegten Säulen aus Granit mit Hökern am Fuß zu besichtigen. Ähnliche Säulenfüße befinden sich im Artushof. Es wird angenommen, daß diese granitenen Säulen wahrscheinlich aus der Burgkapelle des Fürstensitzes stammen, dem vermutlich ersten gemauerten Gebäude Danzigs.
Aus dem alten Rom importierte Terra-sigillata-Schalen mit ornamentalen Zeichnungen gehören zu den wertvollsten der älteren Exponate. Bedeutend älter aber sind die merkwürdigen aus einem Stein gehauenen altpruzzischen Figuren im Garten des Museums, die unter dem Namen «babas» bekannt geworden sind.

Dem Museum angeschlossen sind konservatorische Werkstätten, ein Fotolabor, Kataloge, Archive und die Bibliothek.
Publikationen des Museums beziehen sich auf seine Sammlungen und deren wissenschaftliche Darstellungen. Das repräsentative Renaissancegebäude soll von einem Brüderpaar erbaut worden sein, das darin eine Schuhfabrik eingerichtet hat. Die Schuhmacherzunft gehörte im Mittelalter zu den wohlhabenden Zünften, die eine eigene Theatergruppe bildeten und bei den traditionellen Umzügen zur Fastnacht ihre Aufführungen hatten. In meiner Jugendzeit habe ich noch die Schusterwerkstätten gekannt, und eine solche Schuhreparaturwerkstätte gab es in der Tobiasgasse (ul. Tobiasza) mit einer Schusterkugel als Handwerkszeug. Später nannten sie sich hochtrabend «Besohlanstalten» mit einem solchen Firmenschild über dem Laden. Eine davon bestand bis zum Untergang der Stadt in einem der Häuser der Frauengasse, in der die abgelaufenen Schuhe mit neuen Sohlen versehen wurden. Schuhe kaufte man aus der Fabrikation in den Schuhgeschäften «Leiser» oder «Balke» von der «Stange». Das einträgliche Handwerk der Schuhmachermeister gehörte längst der Vergangenheit an, wie so vieles in Danzig allein noch von der Tradition bestimmt war und selbst heute allein aus dem Vergangenen gegenwärtig erscheint. Was wäre denn das ganze und schöne Danzig ohne seine vergegenwärtigte Vergangenheit?

Sternwarten

Sternwarten gab es einige in Danzig. Offensichtlich liebten die Danziger astronomische Ausblicke, besser, Einblicke ins Universum. Johannes Hevelke erwähnte ich schon, den heute die Polen als einen der Ihren verehren, weil König Johann III. Sobieski ihn in seinem Observatorium besuchte. Hevelius revanchierte sich mit der Benennung eines Sternbildes nach dem Monarchen: «Schild des Sobieski» lautet es unverwechselbar und ist auf jeder Mondkarte nachzulesen. Der Arzt Nathanael Wolf installierte eine Sternwarte auf dem Gipfel des Bischofsberges, die ihm die Franzosen bei ihrem ungebetenen Aufenthalt in Danzig zu Beginn des 19. Jahrhunderts mutwillig zerstörten. Auf dem Renaissancehelm des Hauses der Naturforschenden Gesellschaft wurde im gleichen Jahrhundert eine Sternwarte eingerichtet, die durch den Krieg zerstört wurde. Heute aber erscheint der Turmhelm wieder mit der Renaissancehaube und birgt nicht einmal mehr den Anschein eines Observatoriums, das sich wohl mit dem neuen «Archäologischen Museum» nicht in der wissenschaftlichen Disziplin verträgt. Die jüngste Sternwarte stand auf dem eigens dafür eingerichteten Turm der neuen Petrischule am Hansaplatz, nahe der Danziger Werft. Diese Station der Himmelsbeobachtung hat, im Gegensatz zu den erst um die letzte Jahrhundertwende errichteten Schulkomplex, dem Krieg nicht standgehalten. So ist zu fragen, ob und wo heute in

Danzig eine Sternwarte uns astronomische Ausblicke oder Einblicke zu gewähren vermag?

Als im Jahr 1815 in der Jakobskirche (Kościół Św. Jakuba) auf dem Schüsseldamm (Łagiewniki) die neue Danziger Stadtbibliothek einzog, baute man den Kirchturm zu einer Sternwarte aus. Die Danziger ließen sich also kaum eine Gelegenheit entgehen, eine Planetenbeobachtungsstation einzurichten, um sich dem Erbe des Hevelius würdig zu erweisen, der sich übrigens mit seiner Sternwarte «Uranienburg» in der Pfefferstadt (Korzenna) nicht begnügte; auf dem Hagelsberg (Grodzisko), stellte er noch ein Fernrohr auf, das wegen seiner überdimensionalen Länge von einer Anzahl von Stützen getragen werden mußte. Ein weiteres Observatorium befand sich am Heeresanger nicht unweit vom Sportplatz des Sportvereins «Gedania» entfernt.

Gelehrte Gesellschaften

Die Vorliebe der Danziger für die Wissenschaften und die Gelehrsamkeit, ihr eifriges Bemühen nach geistiger Bereicherung auf dem Gebiet der Literatur, der Naturwissenschaften und der Geschichte, führte zur Bildung von wissenschaftlichen Gesellschaften. So entstand schon im Jahre 1614 das «collegium medicum» als eine Gesellschaft zur Förderung des medizinischen Wissens und im Jahre 1743 wird die «Societas physycae experimentalis», eine naturwissenschaftliche Gesellschaft, gegründet. Die Gründung einer Gesellschaft für Dichtung, die «Societas Literaria» war von Friedrich Engelke, Franz Morgener, Karl Ehler, Gottfried Penski und Gottfried Lengnich 1720 angeregt worden. Gabriel Weickhmann, Johannes Wulf und Karl Schmeling bildeten eine Gesellschaft zur Verbreitung der genauen Kenntnis der Schönheit der deutschen Sprache. Eine von Studenten gegründete «Deutsche Gesellschaft der Wissenschaften» und eine 1755 gebildete literar-ästhetische gelehrte Gesellschaft zur Beförderung des guten Geschmacks, auf dem Wege literarischer Kritik und des Theaters, erfreuten sich großer Beliebtheit. Die zuletzt bekanntesten und bedeutendsten wissenschaftlichen Vereinigungen waren die Naturforschende Gesellschaft und der Westpreußische Geschichtsverein, welche die Tradition der ursprünglichen Gründungen dieser gefragten Schulen der Bildung und des Geschmacks, wie auch der Forschung und der gebildeten Unterhaltung neben ähnlichen Vereinigungen der Künstler und Kunstfreunde, der Musik und des Theaters würdig fortsetzten.

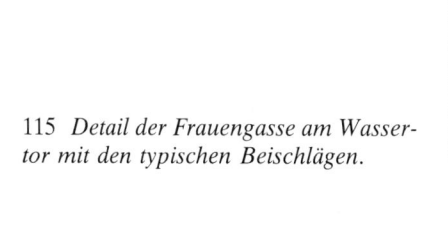

115 *Detail der Frauengasse am Wassertor mit den typischen Beischlägen.*

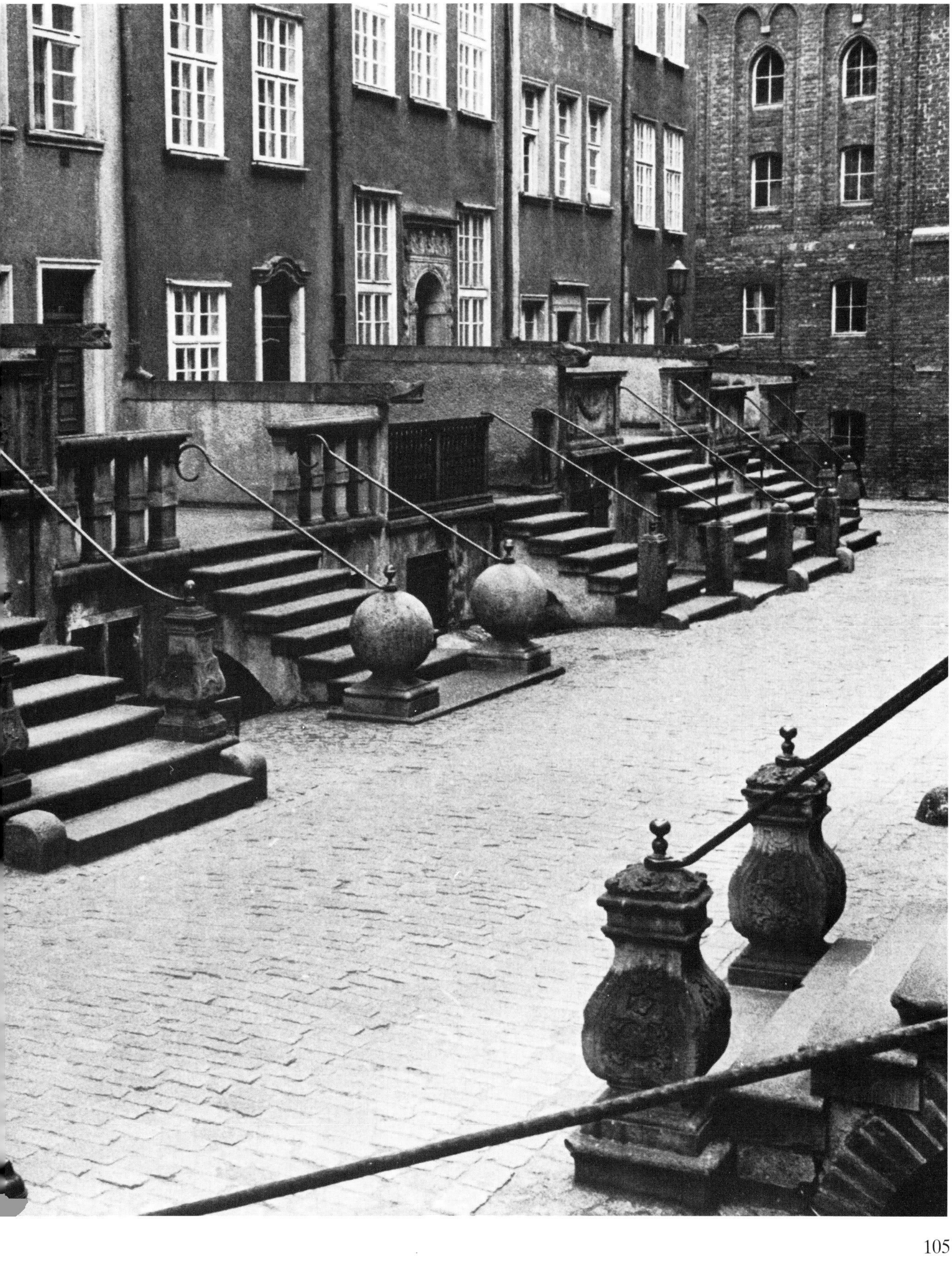

116 Kanzelhaus in der Gasse «Altes Roß», ein Quergäßchen von der Frauengasse zur Brotbänkengasse.

117 Am Pfarrhof der Marienkirche. Im Hintergrund die Kuppel der Königlichen Kapelle in der Heiligengeistgasse.

118 Frauentor mit Löwenwappen Durchgang zur «Langen Brücke»

Frauengasse (ul. Mariacka)

Die Frauengasse schöpft ihre Identität aus der Geschlossenheit ihrer Raumwirkung. Zu beiden Seiten wird die Gassenöffnung abgeschlossen. An der Flußseite durch das Frauentor. An der Stadtseite durch den hochgezogenen Chorgiebel von Sankt Marien. Man hat das Gefühl, in einem nur zum Himmel weitgeöffneten Raum zu verweilen, den das Auf und Ab der Treppen und Giebel, der Terrassen und Fassaden in einen langgestreckten Prunksaal verwandelt. Man sollte auch nicht einfach durch die Gasse hindurchgehen, sondern sie einmal von der zum Pfarrhof einführenden Gasse bis zum Frauentor durchschreiten, dort umkehren und den gleichen Weg nun an der anderen Gassenseite zurückgehen: um dieses einzigartige Raumgefühl zu erleben, das die schönste aller Danziger Gassen mit der ihr eigenen Intimität vermittelt. In dieser anheimelnden Gasse waltet der Geist altdanziger Behaglichkeit und überträgt sich oft unmittelbar auf den Betrachter. Interessant ist es auch, die Proportionen der schmalen, aber hochaufsteigenden Giebelhäuser mit dem mächtigen Massiv des gotischen Chors der Marienkirche zu vergleichen.

Das Haus Nr. 1 mit den Beischlagsteinen im gotischen Stil war vor dem Zweiten Weltkrieg Sitz der Kirchenleitung. Manche Häuser, die zu Wohn- und Betriebszwecken genutzt wurden, wiesen keine Beischläge mehr auf. Nach der völligen Verwüstung durch die Greuel des Krieges ist die Gasse von Grund auf nachkonstruiert worden und bietet ein Bild der Vollkommenheit wie vor etwa hundert Jahren. Das Haus Nr. 6 aus der Epoche der Blüte um 1600 zeigt uns ein Portal mit toskanischen Pilastern. In manchen dieser Häuser sind Cafés eingerichtet. In den Kellereingängen führen wenige Stufen von der Gasse zu Souvenir- oder Bernsteinläden hinab. Der Beischlag des Hauses Nr. 24 im Barockstil ist im Original erhalten, während die Geländer, Balustraden oder die oft mit phantasievollen Reliefszenen versehenen Beischlagwangen aus den Trümmern geborgen, neu zusammengesetzt oder durch kunstvolle Nachahmungen ergänzt wurden. Das höchste Haus der Gasse steht unmittelbar neben dem Frauentor und gehört jetzt zum Archäologischen Museum. Zu deutscher Zeit war es das Haus der Naturforschenden Gesellschaft, eine der vielen wissenschaftlichen Vereinigungen der Stadt. Sein Turmhelm war gekennzeichnet durch die charakteristische Haube eines Observatoriums. Die Danziger nannten sie schlicht ihre «Sternwarte».

Über dem Portal eines Hauses ist der Wahlspruch nachzulesen, «So es Gott behagt, lieber beneidet als beklagt». Das Haus Nr. 42 ist dem Frühbarock der Mitte des 17. Jahrhunderts aus den kleineren holländischen Ziegeln nachgebaut. Im Beischlag des Hauses Nr. 52 finden wir schön geformte barocke Steinplatten aus dem 17. Jahrhundert. Das neukonstruierte Haus im Stil der Renaissance entspricht dem zerstörten Original aus dem Jahr 1569 in vollendeter Nachbildung.

Wie zu Zeiten vor der Reformation wird die Frauengasse heute wieder als Mariengasse benannt.

119 *Dominiksmarkt in der Frauengasse.*

Königliche Kapelle (Kaplica Królewska)

Die Königliche Kapelle ist Johannes dem Täufer gewidmet und Andreas, dem Apostel. Im Auftrag Bischofs Stanislaus Sarnowski von Leslau baute Barthel Ranisch die Königliche Kapelle in der Heiligengeistgasse Geistgasse in unmittelbarer Nähe des Pfarrhofes der mächtig emporragenden Marienkirche. Die dagegen winzig erscheinende barocke Hauptkuppel der Königlichen Kapelle bildet einen pittoresken Gegensatz im abwechslungsreichen inneren Stadtbild.

Die Initiative zum Bau der für die Katholiken bestimmten Parochialkirche ging von König Johann III. Sobieski aus. Als er im August 1677 mit großem Gefolge Danzig besuchte, um einen Streit zwischen dem Rat und der Bürgerschaft zu schlichten, starb zur gleichen Zeit der Erzbischof von Gnesen, Andreas Olszowskí, in Danzig. Seit der Reformation durfte für die Katholiken kein Gottesdienst mehr in der evangelisch gewordenen Marienkirche abgehalten werden. Der verstorbene Erzbischof, dem es daran gelegen war, den Katholiken ein eigenes Gotteshaus zu bauen, hinterließ ein Vermächtnis von 80000 Danziger Gulden für den Bau einer zur Ehre des Heiligen Geistes zu errichtenden Kapelle in der Gasse, wo sich früher das Hospital zum Heiligen Geist befand. Als Johann III. Sobieski im Februar 1678 Danzig wieder verließ, um sich in seine Residenz nach Warschau zu begeben, stiftete er noch 20000 Danziger Gulden für den geplanten Kapellenbau. Eine in die Mauer eingelassene Silbertafel bezeugt diesen historischen Vorgang, über den sich im Danziger Stadtarchiv Quellenmaterial befindet. Die der Heiligengeistgasse zugewandte nördliche Seite der Kirche, von zwei Bürgerhäusern flankiert, fügt sich nahtlos in die geschlossene Gassenfront der sie säumenden Bürgerhäuser ein. Mit ihren drei Kuppeln ist sie – en miniature – dem St.Peters-Dom in Rom nachgebildet.

Die Fassade gliedert sich in drei Teile, mit je einem über den Portalen stehenden Fenster. Über dem mittleren Fenster ist das Wappen des Königs angebracht. Eine Balustrade bildet den Abschluß der Gassenfassade. Eine achteckige von zwei Türmchen eingerahmte Kuppel bekrönt den Kirchenbau. Der Entwurf der einzigen barocken Kirche in Danzig stammt von dem holländischen Baumeister Tylman van Gameren. Die Bildhauerarbeiten hat der gebürtige Danziger Andreas Schlüter ausgeführt, der zusammen mit van Gameren in Warschau am Schloß Wilanów und am Krasinskipalais gearbeitet hat.

Der freigelegte Pfarrhof

In den Kirchen wurden die Großen: Künstler, die Heerführer und Dichter, die Märtyrer und Bürgermeister bestattet. Rings um die Kirchen lagen die Friedhöfe, auf denen die Gläubigen beerdigt wurden, um ihre Auferstehung in der unmittelbaren Nähe ihrer Kirche zu erleben, die sie ein Erdenleben lang geleitete. Mit dem Wachstum der Bevölkerung und der Einengung durch den Festungscharakter der Stadt wurden die Kirchhöfe außerhalb der Mauern verlegt. Über den alten Friedhöfen um die Kirchen entstanden eng an sie sich anschmiegende Gassen. Man hatte schon vor dem Zweiten Weltkrieg die sogenannte Freilegung zum Beispiel der Marien- oder der Johanniskirche von den sie bedrängenden und sie in ihrer Aussicht einschränkenden Häusern erwogen.

Mit den gewaltigen Zerstörungen der Innenstadt durch den Zweiten Weltkrieg ist dieses Problem städtebaulicher Entfaltung «gelöst» worden. Am besten ist dies an den die Marienkirche umgebenden Freiräumen zu erkennen, die sie heute wieder in einem anderen Licht erscheinen läßt: der verkürzten Jopengasse oder der fortgefallenen Korkenmachergasse, der Kuh- oder der Pfaffengasse. Der Pfarrhof mit den gotischen Häusern ist freigelegt worden. Die Perspektive ist eine neue und alte zugleich. So ist hier wie in vielen anderen Teilen der Stadt die Ursprünglichkeit ihrer einstigen Struktur wieder zum Vorschein ge-

120 *«Haus der Schiffergilde» in der «Gasse der Berühmtheiten»: Heiliggeistgasse Nr. 82. Daneben Geburtshaus von Johanna Schopenhauer, geb. Trosiner. Das Geburtshaus Chodowieckis Nr. 54 befand sich an der nicht wieder aufgebauten Südseite der Gasse.*

121 *Im Bild rechts das rekonstruierte Geburtshaus Arthur Schopenhauers in der Heiliggeistgasse Nr. 114.*

122 *Portal zum Heiligengeisthospital an der Tobiasgasse mit Bettlerfiguren.*

kommen, und was uns fremd erscheint, die wir die Enge und Gedrängtheit als Signum des Baustils empfanden, ist eigentlich das Wiederkommen des ursprünglichen topographischen Wollens. Danzig ist heute seiner ursprünglichen Form ähnlicher geworden. Die neuen Generationen, die hier heranwachsen, werden dieses Raumgefühl nicht mehr als verändert empfinden. Sie erleben die Stadt ähnlich unmittelbar wie ihre Bewohner der Jahrzehnte und Jahrhunderte vorher und werden kaum Bemerkenswertes daran finden, daß diese ihre neue Gegenwart viele Entwicklungen der Vergangenheit überspielte.

Eine Rückblende auf zwei Reiterstandbilder

Den gewohnten Anblick eines landesherrlich-martialischen Reiterstandbilds nach römischem Vorbild finden wir nicht mehr auf dem Platz vor dem Hohen Tor. Es war des deutschen Kaisers Wilhelm I. Reiterstatue, gleichsam Symbol kaiserlicher und preußischer Staatshoheit. Der Krieg hat es ausgelöscht, wie auch den althergekommenen Namen «Heumarkt» (pl. 1. Maja) für den weiten Platz, auf dem einst hunderttausend Danziger Bürger für den Verbleib ihrer Stadt im Deutschen Reich und gegen die Proklamation des «Freistaats» nach dem Ersten Weltkrieg demonstrierten.

Dominierend schmückt heute den großen, freien Platz «Holzmarkt» (Targ Drzewny) ein anderes, nicht weniger symbolträchtiges Standbild: des Polenkönigs Johann III. Sobieski, den mit Danzig nicht nur die Idee zum Bau der «Königlichen Kapelle» und der Besuch bei dem Astronomen Hevelius verband. Das Reiterstandbild des wohl bekanntesten aller polnischen Könige prangte bis zum Ende des Zweiten Weltkriegs als ein Juwel der Krone in den Mauern Lembergs (Lwów). Mit der sogenannten Westverschiebung Polens retirierte man es in den Westen und es fand, wie einst der König selbst, gastliche Aufnahme in dessen geliebtem Gdańsk. Das alte Danzig kannte übrigens keine Reiterstandbilder. Es hat seine Selbstachtung eher in der Distanz zu solch skulptureller Symbolik zu bewahren getrachtet.

Gassen um Marien

Wir stehen im Pfarrhof (Plebania), der sich wie ein Band rings um die Marienkirche legt und wenden unseren Blick hoch zu den zinnenbewehrten Kirchendächern über den spitzbögigen, großen Kirchenfenstern, welche die Außenwände des Gotteshauses licht durchbrechen und dem massiven Baukörper Schlankheit und Leichtigkeit verleihen. In den Pfarrhof münden von allen Himmelsrichtungen Gäßchen ein, die den Blick von allen Seiten auf den Glockenturm und die Hallenkirche öffnen. Ein fünfstrahliger Gassenstern geht von diesem urbanen und zugleich geistigen Mittelpunkt, dem Herzen der Rechtstadt aus, unser Heute mit dem Ewigen und das Diesseitige mit dem Jenseitigen verbindend.
Die beiden Hauptadern, welche diesen monumentalen Baukörper umpulsen, sind die Heiligengeist- (ul. Św. Ducha) und die Jopengasse (ul. Piwna), die sich zur Mottlau in der Brotbänkengasse (ul. Chlebnicka) fortsetzt. Sie führen von der Innenstadt zu den Wassertoren und ändern ihre Richtung in Höhe von St. Marien, um dem Sakralbau auszuweichen. Allein die Frauengasse (ul. Mariacka) macht eine Ausnahme. Sie ist die kürzeste, aber auch die schönste dieser die Kirche umgebenden oder auf sie einmündenden Gassen.

Durchblick auf den Marienturm

Der Blick durch die enge Beutlergasse (ul. Kaletnicza) von der Langgasse (ul. Długa) aus gleicht dem am Haus «Kammerzell» vorüber durch ein schmales Gäßchen auf das Straßburger Münster. Die Bilder dieser Gassen gleichen sich im Grunde über alle Zeiten. Wir sehen sie nur immer mit anderen Augen an, aus unserem Zeitempfinden, anders im Alter als in der unbeschwerten Kindheit, wenn die dämmrigen Schatten eines vergehenden Lebenstages die roten Ziegeldächer mit dem Schlaf der Nacht umfangen. Die Gassen scheinen zu schweben, als höbe der über sie ragende Turm sie auf in die vielen Arme seiner schlanken Pfeiler und Streben wie ein großes Schiff, das im Meer des Himmels und der Wolken gleitet, unbeeindruckt von den Niederungen menschlicher Existenz. Der Seewind, der über die Stadt hinwegstreicht, fiel in den Gassen auf die Knie, wie einer, der heimkehrt von großer Fahrt. Weltstille überkommt einen, der zu ihren Giebeln und Turmhelmen aufsieht.
Vom alten Dominikanerkloster, vorbei an der Ostwand von St. Nikolai, über die Lawendel- (ul. Lawendowa), Scheibenritter- (ul. Szklary) und Goldschmiedegasse (ul. Złotników), fällt unser Blick wieder auf den Marienturm, von Norden ausgehend. Wie am ersten Tag, als ihn zum ersten Male der eisige Seewind berührte und Schwärme von Möwen ihn umflogen, der Hauch der Geschichte ihn anwehte und in der Tiefe des Alls die weißen, schweren Seewolken, wie weitgeblähte riesige Rahsegel über ihn zogen und die Sternbilder am klaren Nachthimmel, so sieht er uns schweigend an. Das Geheimnis seiner bezwingenden Schönheit und Harmonie ist der goldene Schnitt in seinem Aufbau, sind die sich nach oben stetig verjüngenden Strebenpfeiler und das einzigartige Dach, das aus zwei Giebeldächern geformt ist. Über die «Dämme» (Grobla I.–IV.) sehen wir durch die «Kleine Krämergasse» (Podkramarska) auf die nördliche Giebelwand mit der großen, vergoldeten Uhr, die von dunkelrotem Grund der Ziegelmauer wie eine Sonne vom Zenit erstrahlt.

Wir treten ein in die Marienkirche, wie in einen großen Wald. So umgeben uns die Pfeiler und der Himmel ist das mit unzähligen goldenen Sternen besteckte Netzgewölbe über uns. Die wertvollsten Kunstwerke des alten Danzigs standen nicht in Museen. Sie belebten die Kirchen, die selbst Kunstwerke der Baukunst sind. Viele Kunstschätze der Marienkirche sind in den Zeiten verlorengegangen oder in die Museen gewandert.
Mögen sie eines Tages wieder zurückkehren, von wo sie einst ausgingen und wohin sie gehören.

Paramente und Blaker

Die Gewölbe sind ausgestirnt in Netzen und werden in den Längs- und Querschiffen von achtundzwanzig starken Pfeilern getragen. Die Kirchenwände füllen dreißig Kapellen aus, von den Gewerken und Patriziern als Grabkapellen gestiftet. Im südlichen Teil des Gotteshauses, das über zwanzigtausend Menschen aufnehmen kann, standen die Gestühle und Betstuben. Den Paramentenschatz kostbarster kirchlicher Gewänder und Gerätschaften nahm einst die Barbarakapelle auf. Einen Teil davon bewahrt heute die Schatzkammer der Marienkirche in Lübeck. Der einzigartige Schatz, mit über fünfhundert Einzelstücken aus Italien und dem Orient, ist den weitverzweigten Verbindungen des bis zum Jahre 1309 in Venedig residierenden Hochmeisters des Ritterordens zu verdanken. Venedig war damals Hauptplatz der Seidenstoffe, die für die Chormäntel und andere liturgische Gewänder, Stolen, Altardecken und Kelchtücher verwendet wurden.
Zum sichtbaren Inventar gehörte dunkles, schweres Eichengestühl, das in einem harmonischen Kontrast steht zu den weißgetünchten Wänden und Pfeilern. Vor golde-

123 Blick auf das südliche Querschiff und Chorgiebel von St. Marien mit freigelegtem Pfarrhof nach der Zerstörung der nicht wiederaufgebauten Quergäßchen, Kuh- und Pfaffengasse.

124 Neue Orgel der Marienkirche. Der Prospekt stammt aus der Johanniskirche.

125 Restaurierte Skulpturen in der Marienkirche.

126 Großer Ferberaltar. Der rechte Altarflügel ist eine Kopie. Das Original mit der Figur Kaiser Konstantins befindet sich in der Hamburger Kunsthalle.

nen Altären mit Bildern und Heiligenfiguren spannen sich schmiedeeiserne Gitter. An den Pfeilern hängen Epithapien, Fahnen und Blaker, die an dunklen Winterabenden das Kircheninnere mit warmem Kerzenlicht erfüllen. In ihren getriebenen Rahmen aus massivem Messing spielt der Widerschein der angezündeten Kerzen im Innenspiegel, um den sich, miteinander verbunden und ineinanderverschlungen, Weinreben, Rosenblüten und eine Fülle von Blumenornamenten und Blattfiguren ranken, ähnlich wie sie als Motive im Schnitzwerk der Danziger Dielenschränke oder in den figürlichen Darstellungen der Reliefs in den Beischlagbrüstungen wiederzufinden sind.

Die Marienkirche (Kościół Najświętszej Marii Panny)

Daß Ich Grab oder Schatz sei
ob ich spreche oder schweige
dies hängt von dir ab,
der du vorbeigehst Freund,
tritt nicht wunschlos ein.
     Paul Valéry

Die Marienkirche ist ein Hallenbau, der sich aus einer ursprünglichen kleineren Kirche zu einer dreischiffigen Basilika entwickelte. Ihr Baumeister ist Hinrich Ungeradin, der die Querschiffe und das Presbyterium schuf. In die erste Hälfte des 15. Jahrhunderts fällt die Errichtung des Ostgiebels, in dessen zweite Hälfte die Vollendung der Gewölbe. Ein Kapellenkranz zwischen den Strebepfeilern der Stützmauern umgibt im Innern den 29 Meter hohen Raum, dessen Turmspitzen die Höhe von 77 Metern erreichen. Von den in der Kirche aufbewahrten Kunstschätzen fielen 40 Prozent der Vernichtung durch die Verwüstung des Krieges anheim, dem auch ein Teil des Gewölbes und die Turmspitzen zum Opfer fielen. Nach ihrem siebenjährigen Wiederaufbau wurde die Marienkirche 1955 konsekriert. Die evangelische Periode der Pfarrkirche der Rechtstadt, die seit der Reformation andauerte, wurde mit der Rekatholisierung beendet.

127 Taufe mit Gitterfragment und dem neuen Taufbecken aus der Johanniskirche.

Kunstschätze im Kranz der Kapellen

Beginnen wir unseren Rundgang in der Reinholdskapelle nördlich vom Glockenturm, schräg gegenüber dem Eingang an der Korbmachergasse. Hier sehen wir die Vespergruppe der «Pietà von Danzig» und eine Kopie des Memlingschen Triptychons «Das Jüngste Gericht» aus einer Kirche des Danziger Werders im Gebiet der unteren Weichsel. Eines der erhabenen Werke der Hochgotik ist die «Schöne Madonna» in der Annenkapelle des nördlichen Seitenschiffes. Diese Danziger «Schöne Madonna» ist aus dem weichen Material des Kunststeins fein gearbeitet. Die zarten Farbtöne von Blau, Weiß, Rot und Gold, die weiten, schwingenden Falten des Gewandes, der verinnerlichte Blick, das glänzende Blond des über die Schultern fließenden Haupthaares und die gelöste Haltung der Arme und Hände sind Ausdruck überirdischer Erscheinung. Strahlenkranz und Mantel erhöhen die Gestalt mit dem Signum der jungen Mutter Gottes, die das Christuskind in ihrem Arm geborgen hält. Der gotische Holzschrein, der die Figur umgab, wird zur Zeit im Warschauer Nationalmuseum ausgestellt wie auch die berühmte «Zehn-Gebote-Tafel», die von einem Danziger Meister um 1480 gemalt wurde.

Im nördlichen Arm des mittleren Querschiffs ist das Grabmal der Familie Bahr, von Abraham von dem Block gestaltet. In der Heiligkreuzkapelle zwischen der Sakristei und der Eingangstür von den «Dämmen» befindet sich der Simonis-Judä-Altar der Fleischerzunft, der 1510 von Antwerpen nach Danzig gelangte. An einigen Pfeilern und Wänden sind noch Epitaphe von Danziger Patrizierfamilien erhalten, während die meisten von ihnen mit dem gesamten Kirchengestühl, dem verglasten Ratsgestühl, den aus Antwerpen, Mecheln und Brüssel stammenden sieben Altären vor den Pfeilern und der Astronomischen Uhr verbrannten.

Der Hochaltar von Meister Michael aus Augsburg konnte trotz schwerer Beschädigung rekonstruiert werden. Die Erneuerung einzelner Teilstücke wurde 1981 in einer Ausstellung der Öffentlichkeit gezeigt. Die Triumphkreuzigungsgruppe stammt aus dem gleichen Jahr (1517) von Meister Paul. Sie überspannt zwischen zwei Pfeilern in den dem riesigen Kirchenraum angemessenen Proportionen das östliche Querschiff auf einem Bogenbalken zwischen Hauptschiff und Chor. Das Sakramenthäuschen von 1482 repräsentiert spätgotisches Inventar.

Im Nordschiff des Chorraums sind zum Teil die die Kapelle abschließenden hölzernen Scheidewände, sogenannte Schranken, erhalten geblieben. Überkommen sind auch der Hedwigsaltar in der von einem gotischen Gitter abgeschlossenen Hedwigskapelle und das darin befindliche Epitaph des Michael Loys. In der nebenanliegenden Elftausend-Jungfrauenkapelle begegnen wir einer holzgeschnitzten Skulptur des Gekreuzigten aus der Zeit um 1560.

Davor liegen die in den Fußboden eingelassenen Grabplatten des Bürgermeisters Konrad Letzkau und seines Schwiegersohns Arnold Hecht, die 1411 auf der Ordensburg ermordet wurden. In der Antoniuskapelle im südöstlichen Querschiff ist das Epitaph des Schöffen Edward Blemke, in dessen Mitte das Relief «Echeziels Visionen», das größte der vielen Grabdenkmale aus der Hand von Wilhelm von dem Block, ebenso das Renaissance-Epitaph von Connert und ein geschnitztes Gestühl aus der Johanniskirche.

In der Marienkapelle der Priesterbruderschaft im südlichen Seitenschiff mahnt eine Skulptur «Christus in der Rast» von der Künstlerin Stefanowicz-Schmidt an Leiden und Tod von mehr als zweitausend polnischen Geistlichen, die während des Zweiten Weltkrieges ihr Leben einbüßten, die erschossen wurden oder in den Konzentrationslagern als Märtyrer zugrunde gingen. Die Allerheiligenkapelle südlich vom Glockenturm bewahrte bis 1912 die Marienbibliothek auf, die heute Bestandteil der Stadtbibliothek ist. Sie ist den Seeleuten geweiht, die den Seemannstod erlitten. Die Jakobskapelle verschließt ein aus Schmiedeeisen geflochtenes Renaissancegitter. Der Danziger Historiker Gottfried Lengnich fand hier seine Ruhestätte. Von der Taufe blieben nur der steinerne Sockel und die Gittertür erhalten. Das Taufbecken stammt aus der Johanniskirche wie auch der Prospekt der durch den Krieg vernichteten Großen Orgel, die im Sommer 1985 nach längerer Bauzeit eingeweiht wurde. Die größte der sechs Kirchenglocken war die

128 *Rekonstruktion von Hauswänden in der Johannisgasse.*

129 *Bauleute aus Danzig.*

«Gratia Dei», auch «Ave Maria« oder Betglocke genannt. Sie wog 121 Zentner. In das Kircheninnere führen sechs Haupteingänge. Über den Pforten sind in gotischen Buchstaben Inschriften angebracht, wie «got wes gnedich my sundere» oder «Got Troste alle christen seelen und my arme sunder Ok». (Gott sei mir Sünder gnädig) (Gott tröste alle Christenseelen und mich armen Sünder auch.)

«Wer baute das siebentorige Theben?»*)

In dem Halbrundbild «Der Tempelbau» von Anton Möller, dem Maler von Danzig, werden auch Bauleute bei dem wahrscheinlichen Entstehen der Marienkirche dargestellt. Sie schieben in luftiger Höhe ihre schwer beladenen Schubkarren über die schwankenden Bretter, welche die Baugerüste verbinden. Hier wurde einmal nicht dem Architekten gehuldigt, der das kühne Bauwerk ersann, sondern den sich abschindenden Bauleuten, die Stein auf Stein die großflächigen, gebrannten Ziegel schichteten, Pfeiler und Mauern hochzogen und darüber das Netzwerk der herrlichen Gewölbe spannten. Es sind die gleichen Männer, die das siebentorige Theben bauten, wie hier das siebenmal siebentürmige Danzig!

In seinem 1962 erschienenen Buch «Reise nach Polen» setzt der deutsche Schriftsteller August Scholtis diesen namenlosen im Schweiß ihres Angesichts Unveränderlichkeit eines historischen Stadtbildes mit bloßen Händen schaffenden Bauleuten von Danzig ein liebevolles Andenken. Gemeint sind die autochthonen Kaschuben: «Im Ordensstaat von Marienburg werden sie wohl zumindest Ziegel für den Bau der Ordensburg herangeschleppt, vielleicht selber gemauert haben, auch den Rittern als Pferdeknechte zu Diensten gewesen sein und an der Danziger Marienkirche und am Olivaer Dom beim Mörtelschleppen tüchtig geschwitzt haben.»

Ins Bild gerückt werden sollten von den unbekannten Bauleuten und Handlangern, die am Wiederaufbau Danzigs mitgeholfen haben, zwei von ihnen, die im Dunkeln stehen, daß man sie einmal im Licht sehe.

*) Aus dem Gedicht «Fragen eines lesenden Arbeiters» von Bert Brecht

Ein Rundblick vom Marienturm auf die Stadt Danzig

Am unteren Bildrand (Bild 130) erkennt man drei Giebelhäuser der Brotbänkengasse (ul. Chlebnicka), an die sich ein Verwaltungstrakt des Rathauses mit den älteren Gebäuden und dem Rathausturm anschließt. Am unteren rechten Bildrand sehen wir die Rückseite der Häuser auf der nördlichen Seite der Langgasse (ul. Długa) und in der Bildmitte von rechts nach links Giebelhäuser der Langgasse und des Langen Marktes (Długi Targ) der südlichen Seite. Darüber die rückwärtige Seite der Häuser der Hundegasse (ul. Ogarna). Im linken oberen Bildteil ist der alte Hafenfluß der Mottlau (Motława) mit wiederaufgebauten Lagerhäusern, den Speichern der Speicherinsel (Spichlerze), zu sehen. Rechts vom Rathausturm ein erhalten gebliebener Teil des Winterplatzes (Targ Maślany) mit dem Schulgebäude des Danziger Gymnasiums und dem Rundfunkhaus des ehemaligen «Landessenders Danzig». Im oberen rechten Bildteil sind Neubauten auf dem Gelände der früheren Vorstadt (Stare Przedmieście), südlich der Gasse «Vorstädtischer Graben», der heutigen «Aleja Leningradzka» auszumachen.

Interessant an dieser Luftaufnahme ist vor allem die Tatsache, daß die wiederaufgebauten Bürgerhäuser in der Brotbänkengasse, Langgasse und Hundegasse in ihrer Tiefe stark verkürzt wiederaufgebaut wurden. Größere Innenhöfe sind dadurch entstanden, die teils als Grünfläche und Spielplätze, teils als Zufahrten zu den nicht mehr geschlossenen Bauzeilen verwendet werden. In der alten Bebauung erstreckten sich die Häuser in der Länge von einer zur anderen Gasse, unterbrochen zum Teil von kleineren Innenhöfen oder Gärten.

130

131

132

Die heutigen Freiflächen sind das Ergebnis der sich aus dem Wiederaufbau ergebenden Überlegungen. Die weiträumige Rekonstruktion entspricht dem Stadtbild vor dem 15. Jahrhundert Die Katastereinteilung mit den Brandgiebeln blieb gewahrt. Aber die ursprüngliche Bautiefe von etwa 48 Metern wurde auf durchschnittlich 12 Meter verkürzt. Die Häuser sind allgemein wieder Wohnzwecken zugeführt worden.

Das zweite Bild (131) aus der Vogelperspektive zeigt im unteren Bildrand Giebelspitzen von Bürgerhäusern der südlichen Seite der Langgasse. Am rechten Bildrand erscheint der unzerstört gebliebene, sich durchgehend bis zur parallel verlaufenden Hundegasse erstreckende Baukörper der Hauptpost. An die freigelegten Innenhöfe, die nur zum Teil mit Kinderkrippen bebaut wurden, schließen sich die Häuserreihen der rückwärtigen Hundegasse an. Im mittleren Bildteil trennt die breite «Leningradallee» (der ehemalige «Vorstädtische Graben») die Rechtstadt von der Vorstadt ab, die fast ganz mit weit auseinanderstehenden modernen Hochhäusern bebaut wurde. Die für Danzig typischen Gassen und Gäßchen fehlen hier ganz. Sie verbrannten in den Tagen der Eroberung der Stadt. Inmitten dieser fremdartig und unschön wirkenden Ansammlung gegenwärtiger Wohnkultur sind in der oberen Bildmitte die Kirche «Peter und Paul», in der ehemaligen Gasse «Poggenpfuhl» (Żabi Kruk), und rechts der größere Komplex der Trinitatiskirche und des Franziskanerklosters in der Fleischergasse (Rzeźnicka) unverkennbar.

Nach der in den Süden gerichteten Luftaufnahme folgt als drittes Bild (132) der Blick auf den Südwesten mit einer Gruppe von Neubauten im typischen «Danziger Stil» in der unteren Bildmitte am Holzmarkt (Targ Drzewny), mit den Gebäuden der Danziger Tageszeitung und dem Pressehaus. Am äußersten linken Bildrand ist das Gebäude des ehemaligen Generalkommandos und späteren Sitzes des Hohen Kommissars des Völkerbundes, zwischen «Silberhütte» (Hucisko) und «Elisabethwall» (Wały Jagiellońskie), mit großen Rundfenstern und einem steilen Dach zu sehen. Dem schließt sich zur Bildmitte das beflaggte Haus der «Feuersozietät» an, heute Sitz der Parteizentrale. Daneben, in äußerster Zierlichkeit sich von diesem monumentalen Bau abhebend, der Glockenturm der Elisabethkirche, dann rechts davon die Eingangshalle des Hauptbahnhofes mit dem Uhrenturm und ganz rechts die Josefskirche (früher Karmeliterkirche) mit Teilen des alten Karmeliterklosters. Diese wurden nach der Kriegszerstörung späterer Anbauten wieder sichtbar. In der Bildmitte ist die frühere Kriegsschule (das später als Steueramt verwendete Gebäude) und im linken Bildhintergrund ein Teil des Vorstädtchens Schidlitz (Siedlce) zu sehen, während im rechten oberen Bildhintergrund leicht verwischt die Konturen des Vororts Langfuhr (Wrzeszcz) aus dem Dunst des Mittags auftauchen.

Der vierte Ausschnitt (133) des Rundblicks vom Marienturm in alle Himmelsrichtungen zeigt das neue Bild der Altstadt (Stare Miasto), mit den charakteristisch-verkürzt wiederaufgebauten Giebelhäusern der Johannis-, Breit- und Heiligengeistgasse (Świętojańska-, Szeroka-, Św. Ducha). Die Nikolaikirche in der unteren Bildmitte erscheint jetzt «freigelegt» mit einem südlichen Vorplatz, auf dem vor der Zerstörung Wohnhäuser zwischen der Scheibenritter-, Johannis- und der Breitgasse (Szklary-, Świętojańska-, Szeroka) standen. Links von der Nikolaikirche reckt sich der schlanke Wehrturm «Kieck in de Kök» (Baszta Jacek) hoch, von dessen Spitze sich der Glockenturm der wiederaufgebauten Katharinenkirche vor der Kulisse eines zwischen Böttcher- und Baumgartsche Gasse (Bednarska-, Heweliusza) eingepflanzten Wolkenkratzers abhebt. Rechts von «Sankt Katharinen» sieht man die Brigittenkirche, die mit ihrem Glockenturm zur Tischlergasse (Stolarska) weist. In der rechten Bildmitte ist das Dach der Großen Mühle sichtbar, dahinter die Paradiesgasse (Rajska) mit einem großflächigen unbebauten Platz, auf dem sich die gigantischen Hochhausscheiben eines Bürogebäudes und des «Heveliushotels» erheben: auf dem Boden der Urzelle der Altstadt. In der linken Bildseite ist der dritte Hochhausbau in der Nähe des Werfttores zu erkennen, des «Planungshauses für Schiffsausrüstungen». Den oberen Bildrand füllen die Verlade- und Montagekräne des Werftgeländes der «Leninwerft». Ganz links oben die Steilküste von Adlershorst.

Einen interessanten Stadtüberblick bietet auch das fünfte Bild (134). Unter einem der beiden Walmdächer der Turmhaube der Marienkirche zeigt eine Wetterfahne das Kirchenkreuz mit der Jahreszahl 1502, dem Jahr der Vollendung des monumentalen Sakralbaues nach mehr als 250 Jahren Bauzeit. Am unteren Bildrand sehen wir den nördlichen Teil der Häuser in der Heiligengeistgasse (Św. Ducha), deren südlicher Teil nicht aufgebaut wurde. Dort stehen nur einzelne jener terrassenartigen Beischläge, wie Stelen vor der Leere der ausgelöschten Häuser. Deutlich sind die Zwischenräume zur nächsten, weiter nördlich verlaufenden Breitgasse (Szeroka) zu erkennen, die mit Grünflächen und Baumreihen bepflanzt sind. Das östliche Ende der Breitgasse schließt das berühmte Krantor ab. Wir sehen es von der dem Wasser der Mottlau abgewandten Rückseite mit den beiden Tortürmen und dem darüber aufragenden Giebel. Daneben wurden neue Speicher erbaut.

115

133

134

Auf der gegenüberliegenden Bleihofinsel (Ołowianka) sind der Königsspeicher, quer zur Mottlau gestellt mit schönen Renaissancegiebeln, und das sich ihm nördlich anschließende Elektrizitätswerk an der Biegung des Mottlauflusses zu sehen. Hier befanden sich zur Ordenszeit die Lagerhäuser gegenüber der Ordensburg. Als überragende Vertikale erhebt sich in diesem Gassen- und Hafenkomplex die Johanniskirche. Im Hintergrund die Werftanlagen und am rechten Bildrand Neubauten von Punkthäusern auf der Niederstadt (Dolne Miasto). Weiter der Ausblick auf die Nehrung, die neue Ölraffinerie bei Neufähr und das Danziger Werder.

Das sechste Bild (135) zeigt einen Tele-Ausschnitt des fünften.

Im rechten unteren Bildrand von Bild 136 drei Seitentürme der Marienkirche und die beiden die Frauengasse (Mariacka) bildenden Häuserreihen. Weiter oben die nördliche Spitze der von den beiden Mottlauarmen gebildeten Speicherinsel mit den Ruinen zerstörter Speicher und einem Teil der Niederstadt mit einem neuen Hochhaus am Eingang der Gasse «Langgarten» (Elbląska). In der Bildmitte ist ein längerer Abschnitt der Heiligengeistgasse zu sehen mit dem höchsten Giebelhaus, dem der «Schiffergilde». Rechts daneben das Geburtshaus Johanna Schopenhauers, die ihre Heimatstadt in der Autobiographie «Jugendleben und Wanderbilder» in der zweiten Hälfte des 18. Jahrhunderts so überaus lebhaft und anschaulich beschrieb. Auf der linken Bildseite ziehen die Breit- und Johannisgasse zum Mottlaufluß. Im Bildhintergrund neue Wohnbauten, sogenannte «Punkthäuser» auf der Niederstadt und an der Breitenbachbrücke.

Das Bild 137 bietet einen Tele-Ausschnitt, in dessen Mittelpunkt das Krantor sowie Neu- und Altbauten von Speichern stehen. Am linken unteren Bildrand Häuser der Breitgasse, davon eines im ältesten Danziger Baustil, der Gotik, mit gezinntem Giebel.

Das Bild 138 stellt eine Aufsicht auf den östlichen Teil der Brotbänkengasse zur Mottlauseite dar. Deutlich zu erkennen ist das höchste aller Danziger Patrizierhäuser, das «Englische Haus», im Renaissancestil und nach allen vier Seiten gerichteten Ziergiebeln, von einem Türmchen als Dachreiter bekrönt. Im oberen Bildteil ist eines der neugebauten langgestreckten, flachen Lagerhäuser längs der Milchkannengasse (Stągiewna) auf der Speicherinsel zu erkennen. Den unteren Bildteil füllen die Giebeldächer der Brotbänkengasse aus. Man bemerkt auch hier wieder die stark verkürzte Bauweise der mit Fernsehantennen bestückten Neubauten, die den früheren Bürgerhäusern nachgebildet sind.

Die westlichen Häuserreihen des Langen Marktes (Długi Targ) gegenüber dem Artushof (Dwór Artusa) zeigt die Aufnahme 139. Das Bild der abwechslungsreichen und

136   137

138

vielgestaltigen Giebel der Häuser aus verschiedenen Stilepochen mit den vorgebauten terrassenartigen Beischlägen gestattet einen einzigartigen Blick auf den Langen Markt. Ein seltener Anblick. In der unteren Bildhälfte sind links Teile der Attika des Artushofes und auf der rechten Seite die rückwärtige Attika des Ostgiebels des Rechtstädtischen Rathauses mit den beiden flankierenden, offenen Seitentürmchen und ein Quergiebel des Rathauses zu sehen.

Der große, freie Platz des Langen Marktes, vom stattlichen Renaissancebau des Grünen Tores (Brama Zielona) zur Wasserseite abgeschlossen, ist deutlich als Fußgängerzone zu erkennen, die von zahlreichen Passanten und Touristengruppen bevölkert wird. Die obere Bildhälfte ist von Baumwipfeln ausgefüllt, die auf den frei gebliebenen Flächen bis zur rückwärtigen Seite der Häuserreihe der Hundegasse sich hinziehen. Vor der Zerstörung zogen sich die schmalen Häuser in der Länge bis auf die Rückwände der Häuser der gegenüberliegenden Gasse hin, nur von kleineren Gärten oder Lichthöfen unterbrochen. In der alten Zeit

140

wurde aus Platzgründen in die Länge gebaut, weil der Festungsgürtel die Stadt einengte und Bauplätze knapp waren. Auch die Fenstersteuer spielte bei der Längsbauweise eine gewichtige Rolle. Die neuen, verkürzt angelegten Häuser werden überwiegend für Büro- oder Wohnzwecke genutzt.

Das letzte Bild (140) zeigt die elegante Spitze der Turmhaube des Rathausturms, von der Figur des Königs Sigismund August als Fahnenträger bekrönt. Links davon sieht man eine Gruppe von vier Speichern und rechts davon einige zerstörte Speicher. In der Bildmitte ziehen sich Wohnhäuser der Niederstadt entlang, die zum Teil den Krieg überstanden haben.

141 *Der Plan der Innenstadt zeigt das Ausmaß der Zerstörungen von 1945.* ▷

ZERSTÖRUNG DER INNENSTADT

0 50 100 150 m

- gänzlich zerstörte Bauten
- teilweise zerstörte Bauten
- erhaltene oder leicht beschädigte Bauten
- Grünanlagen und Gärten

Anhang

Stadtteile und Gassennamen in Polnisch und Deutsch

Główne Miasto (Gl. M.)	Rechtstadt (City)
Stare Przedmieście (St. P)	Vorstadt (Südlicher Stadtteil)
Stare Miasto (St. M.)	Altstadt (Nördlicher Stadtteil)
Nowe Ogrody (N. O.)	Neugarten (Westlicher Stadtteil)
Dolne Miasto (D. M.)	Niederstadt (Östlicher Stadtteil)
Zamczysko (Z.)	Ehem. Burg- und Schloßgelände
Spichrze (Sp.)	Speicherinsel

Gassennamen – Abkürzungen: ul. = ulica = Gasse
pl. = plac = Platz
al. = aleja = Allee

A
Aksamitna	Samtgasse (St. M.)
pl. Armii Czerwonej	Am Generalkommando (St. M.)

B
ul. Św. Barbary	Barbaragasse (D. M.)
ul. Bednarska	Böttchergasse (St. M.)
ul. Bielańska	Weißmönchengasse (St. M.)
Bogusławskiego	An der Reitbahn (Gl. M.)
ul. Bosmańska	Bootsmannsgasse (Gl. M.)
ul. Browarna	Hinter Adlers Brauhaus (St. M.)
ul. Brygidki	Nonnenhof (St. M.)

C
ul. Chlebnicka	Brotbänkengasse (Gl. M.)
ul. Chłodna	Straußgasse (D. M.)
ul. Chmielna	Hopfengasse (Sp.)
ul. Czopowa	Zapfengasse (Z.)

D
ul. Długa	Langgasse (Gl. M.)
Długi Targ	Langer Markt (Gl. M.)
Długi Pobrzeze	Lange Brücke (Gl. M.)
ul. Doki	Werftgasse (St. M.)
pl. Dominikański	Dominikanerplatz (St. M.)
ul. Św. Ducha	Heiligengeistgasse (Gl. M.)
ul. Dylinki	Kl. Knüppelgasse (Z.)
ul. Dziana	Kl. Hosennähergasse (Gl. M.)

E
Elbląska	Langgarten (D. M.)
ul. Elżbietańska	Elisabethkirchengasse (St. M.)

F
Fundacyjna	Stiftsgasse (St. M.)

G
Garbary	Gr. Gerbergasse (Gl. M.)
Garncarska	Töpfergasse (St. M.)
Gnilna	Faulgraben (St. M.)
Grobla	Damm I bis IV (Gl. M.)
Grobla Angielska	Englischer Damm (D. M.)
Grodza Kamienna	An der Steinschleuse (D. M.)
Grodzka	Burgstraße (Z.)
Grząska	Altes Roß (Gl. M.)

H
Heweliusza	Baumgartsche Gasse (St. M.)
Hucisko	Silberhütte (St. M.)

I
Igielnicka	Näthlergasse (St. M.)

J
Jaglana	Kiebitzgasse (Sp.)
Jałmużnicza	Almodengasse (D. M.)
Jaskółcza	Große Schwalbengasse
Jedności Robotniczej	Petershagen/Altschottland

K
Kaletnicza	Beutlergasse (Gl. M.)
Kalinowkiego	Krebsmarkt
Kamienna Grobla	Steindamm (D. M.)
Karpia	Karpfenseigen (Z.)
Katarzynki	An der Katharinenkirche (St. M.)
Św. Katarzyny	Katharinenkirchensteig (St. M.)
Klesza	Pfaffengasse (Gl. M.)
Kładki	Holzgasse (St. P.)
Kocurki	Katergasse (St. P.)
Kołodziejska	Scharmachergasse (Gl. M.)
Korzenna	Pfefferstadt (St. M.)
Kotwiczników	Ankerschmiedegasse (Gl. M.)
Kozia	Ziegengasse (Gl. M.)
Kramarska	Krämergasse (Gl. M.)
Krosienka	Kl. Rammbau (St. M.)
Krosna	Rammbau (St. M.)
Krowia	Kuhgasse (Gl. M.)
Królikarnia	Adebargasse (D. M.)
Księża	Priestergasse (Gl. M.)
Kupiecka	Hansaplatz (St. M.)
Kurkowa	Schießstange (N. O.)
Kurza	Hühnerberg (D. M.)
Kuśnierska	Kürschnergasse (Gl. M.)

L
Lastadia	Lastadie (St. P.)
Latarniana	Laternengasse (Gl. M.)

Polish	German
Lawendowa	Lavendelgasse (Gl. M.)
Lektykarska	Portechaisengasse (Gl. M.)
Leningradzka	Vorstädtischer Graben (St. P.)
Lisia Grobla	Fuchswall (St. M.)

Ł

Łagiewniki	Schüsseldamm (St. M.)
Ławnicza	Matzkauschegasse (Gl. M.)
Łąkowa	Weidengasse (D. M.)

M

pl. 1. Maja	Heumarkt (Gl. M.)
Mariacka	Frauengasse (Gl. M.)
Mieszczańska	Berholdschegasse (Gl. M.)
Minogi	Neunaugengasse (Gl. M.)
Młyńska	Große Mühlengasse (St. M.)
Mniszki	Nonnengasse (Gl. M.)
Mokra	Brocklosengasse (Gl. M.)
Motławska	An der Neuen Mottlau (Sp.)
Mydlarska	Seifengasse (Gl. M.)

N

Na Dylach	Große Knüppelgasse (Z.)
Na Piaskach	Am Sande (auch Halbengasse) (St. M.)
Na Stępce	Am Kielgraben (D. M.)

O

Oberniki	Ochsengasse (St. M.)
pl. Obrońców Poczty Polskiej	Platz der Verteidiger d. Polnischen Post (St. M.), (früher Zuchthausplatz, später Heveliusplatz)
Ogarna	Hundegasse (Gl. M.)
Okopowa	Karren- und Wiebenwall (St. P.)
Olejarnia	Ölmühlengasse (St. M.)
Ołowianka	Bleihof (Sp.)
Owsiana	Mausegasse (Sp.)
Osiek	Hakelwerk (St. M.)

P

Pacholów	Büttelgasse (Gl. M.)
Panieńska	Jungferngasse (St. M.)
Pańska	Junkergasse (Gl. M.)
Piekary	Bäckergasse (St. M.)
Piwna	Jopengasse (Gl. M.)
Plebania	Pfarrhof (Gl. M.)
Pocztowa	Postgasse (Gl. M.)
Podbielańska	Weißmönchenhintergasse (St. M.)
Podgarbary	Gerbergasse (Gl. M.)
Podkramarska	Kleine Krämergasse (Gl. M.)
Podmłyńska	Kleine Mühlengasse (St. M.)
Podmurze	Mauergasse (Gl. M.)
Podstoczna	Am Milchpeter (St. M.)
Podwale Grodzkie	Stadtgraben (St. M.)
Podwale Staromiejskie	Altstädtischer Graben (St. M.)
Podzamcze	Burggrabenstraße (St. M.)
Pod Zrębem	Am Trumpfturm (D. M.)
Polna	Weickhmanngasse (D. M.)
Pończoszników	Große Hosennähergasse (Gl. M.)
Powróżnicza	Röpergasse (Gl. M.)
Pożarnicza	Leitergasse (Sp.)
Profesorska	Professorgasse (St. M.)
Prędzedzalnicza	Zwirngasse (Gl. M.)
Przybój	Wellengang (Bischofsberg = Biskupia Gorka)
Pszenna	Adebargasse (Sp.)

R

Rajska	Paradiesgasse (St. M.)
Refektarska	Kökschegasse (St. M.)
Rogaczewskiego	Sandgrube (N. O.)
Różana	Rosengasse (Gl. M.)
Rybackie Pobrezeze	Fischbrücke (Gl. M.)
Rybaki Dolne	Niedere Seigen (St. M.)
Rybaki Gorne	Hohe Seigen (St. M.)
Rycerska	Rittergasse (Z.)
Rzeźnicka	Fleischergasse

S

Sadowa	Herrengarten (D. M.)
Seredyńskiego	Trojangasse (D. M.)
Sienna Grobla	Strohdeich (D. M.)
Sieroca	Am Spendhaus (St. M.)
Słodowników	Mälzergasse (Gl. M.)
Słomiana	Strohgasse (Gl. M.)
Spichrzowa	Judengasse (Sp.)
Stajenna	Am Stein (St. M.)
Stara Stocznia	Brabank (Z.)
Stare Domki	Spendhausneugasse (St. M.)
Sławki	Schwarzes Meer (N. O.)
Stągiewna	Milchkannengasse (Sp.)
Stępkarska	Kielmeisterweg (St. M.), früher Bastion Hagel
Stolarska	Tischlergasse (St. M.)
Straganiarska	Häkergasse (Gl. M.)
Sukiennicza	Rähm (Z.)
Szafarnia	Schäferei (D. M.)
Szeroka	Breitgasse (Gl. M.)
Szewska	Korkenmachergasse (Gl. M.)
Sklary	Scheibenrittergasse (Gl. M.)
Szopy	Mattenbuden (D. M.)
Szpitalna	Lazarettgang (Gl. M.)
Szuwary	Schilfgasse (D. M.)

Ś

Śluza	Schleusengasse (D. M.)
Świerczewskiego	Neugarten (N. O.)
Świętojańska	Johannisgasse (Gl. M.)

T

Tandeta	Tagnetergasse (Gl. M.)
Targ Drzewny	Holzmarkt (St. M.)
Targ Maślany	Winterplatz (St. P.), früher Butterplatz
Targ Rybny	Fischmarkt (Gl. M.)
Targ Węglowy	Kohlenmarkt (Gl. M.)
Tartaczna	An der Schneidemühle (Z.)
Teatralna	Theatergasse (Gl. M.)
Thälmanna	Sperlingsgasse (D. M.)
Tkacka	Große Wollwebergasse (G. M.)
Tobiasza	Tobiasgasse (Gl. M.)
Tokarska	Drehergasse (Gl. M.)
Toruńska	Thornscher Weg (D. M.)
Św. Trójcy	St.-Trinitatis-Kirchengasse (St. P.)

U

U Furty	Am Haustor (Gl. M.)
Ułańska	Reitergasse (D. M.)

W	
Wałowa	Wallgasse (St. M.)
pl. Wałowy	Wallplatz (St. P.)
Wały Jagiellońskie	Elisabeth- und Dominikswall (St. und Gl. M.)
Wały Piastowskie	Jakobswall (St. M.)
Wapienniecka	Kalkort (Z.)
Wartka	Am Brausenden Wasser (Z.)
Warzywnicza	Petersiliengasse (Gl. M.)
Wełniarska	Kleine Wollwebergasse (Gl. M.)
Węglarska	Kohlengasse
Wiadrownia	Eimermacherhof (St. M.)
Wiosny Ludów	Schuitensteg (St. M.)
Wodopój	Pferdetränke (St. M.)
Wspornikowa	Stützengasse (Sp.)
Z	
Zamkowa	Schloßgasse (St. M.)
Zbytki	Ketterhagergasse (Gl. M.)
Zielona	Grüner Weg (D. M.)
Złotników	Goldschmiedegasse (Gl. M.)
al. Zwycięstwa	Große Allee
Ż	
Żabi Kruk	Poggenpfuhl (St. P.)
Żytnia	Münchengasse (Sp.)

Sehenswürdigkeiten und Baudenkmäler der Rechtstadt

1. Brama Zielona — Grünes Tor
2. Złota Kamienicka — Goldenes oder Steffenshaus, Długi Targ 41
3. Dwór Artusa — Artushof
4. Fontanna Neptuna — Neptunbrunnen
5. Ratusz Głównego Miasta — Rechtstädtisches Rathaus
6. Lwi Zamek — Löwenschloß, ul. Długa 35
7. Kamienica Ferberów — Ferberhaus, ul. Długa 37
8. Dom Uphagena — Uphagenhaus, ul. Długa 12
9. Brama Złota — Langgasser oder Goldenes Tor
10. Wieża Więzienna — Stockturm
11. Katownia — Peinkammer
12. Brama Wyżynna — Georgshalle
13. Dwór Bractwa Świętego Jerzego — Hohes Tor
14. Baszta Słomiana — Strohturm mit Mauerfragmenten
15. Zbrojownia — Zeughaus
16. Teatr Wybrzeża — Neues Theater
17. Baszta Latarniana — Laternentum am Holzmarkt
18. Kościół Najświętszej Marii Panny — Marienkirche
19. Kościół Świętego Mikołaja — Nikolaikirche
20. Kościół Świętego Jana — Johanniskirche
21. Brama Świętego Jana — Johannistor
22. Brama Stragniarska — Häkertor
23. Żuraw — Krantor
24. Brama Św. Ducha — Heiliggeisttor
25. Brama Mariacka — Frauentor
26. Kaplica Królewska — Königliche Kapelle
27. Spichrz Królewski — Königl. Speicher
28. Brama Chlebnicka — Brotbänkentor

Sehenswürdigkeiten und Baudenkmäler der Altstadt

1. Ratusz Staromiejski — Altstädtisches Rathaus
2. Wielki Młyn — Große Mühle
3. Mały Młyn — Kleine Mühle
4. K. Św. Bartłomieja — Bartholomäuskirche
5. K. Św. Brygidy — Brigittenkirche
6. K. Św. Katarzyny — Katharinenkirche
7. K. Św. Jożefa — Josefskirche
8. K. Św. Elżbiety — Elisabethkirche
9. Dom Opatów Pelplińskich — Haus der Pelpliner Äbte
10. K. Św. Ducha i Szpital — Spendhaus und Armenasyl
11. Dawne przytułki dla dzieci i starców — Heiligengeistkirche und -spital
12. Poczta Polska — Polnische Post
13. K. Św. Jakuba — Jakobskirche
14. Kanał Raduni — Radaunekanal
15. Biblioteka Gdańska Polskiej Akademii Nauk — Bibliothek der Akademie der Wissenschaften
16. Stocznia Gdańska im. Lenin — Danziger Werft (Lenin)
17. Baszta Łabęż — Schwanenturm (am Fischmarkt)

Sehenswürdigkeiten und Baudenkmäler der Vorstadt und Niederstadt

1. Brama Krowia — Kuhtor
2. Baszta Bramy Kotwiczników — Ankerschmiedeturm
3. K. Św. Trójcy — Trinitatiskirche
4. Dom Galeriowy — Kanzelhaus
5. K. Św. Anny — Annenkapelle
6. K. Św. Piotra i Pawła — Peter- und Paulskirche
7. Muzeum Narodowe — Nationalmuseum (ehem. Franziskanerkloster)
8. Biała Wieża — Weißer Turm
9. Baszta pod Zrębem — Trumpfturm
10. Brama Nizinna — Leege Tor
11. Śluza Kamienna — Steinschleuse
12. Mała Zbrojownia — Kleines Zeughaus
13. Reduta Dzik (Królik) — Bastion Kaninchen
14. Reduta Miś — Bastion Bär
15. Reduta Wyskok — Bastion Aussprung
16. Reduta Wilk — Bastion Wolf
17. Reduta Żbik (Zubr) — Bastion Maidloch
18. Reduta Św. Gertrudy — Bastion Gertrud
19. K. Św. Barbary — Barbarakirche
20. Brama Żuławska — Werdertor

Danziger Daten-Spiegel

7.–10. Jahrhundert slawische Hafensiedlungen (Ausgrabungen am Langen Markt 1974).

999 Erste schriftliche Aufzeichnung des Namens: Gyddanyzc

1148 als Kandza Hauptort des pomoranischen Herzogtums

1186 Ansiedlung der Zisterziensermönche durch Herzog Sambor I. in Oliva

1190 Stiftung der Nikolaikirche für die deutsche Kaufmannsgemeinde

1227 Dominikanermönche in Danzig und Neusiedlung der Kaufmannsgemeinde auf rechtstädtischem Terrain (Schulze Andreas)

1235 Deutschrechtliche Stadt nach lübischem Recht

1308 Eroberung der Stadt durch den Ritterorden

1343 Grundsteinlegung der Marienkirche und der Stadtmauer

1361 Danzig wird Hansestadt

1377 Die Altstadt erhält Kulmisches Recht

1411 Ermordung der Bürgermeister Konrad Letzkau und Arnold Hecht sowie des Ratsherrn Barthel Groß in der Ritterburg

1454 Verselbständigung der Stadt gegenüber der Herrschaft des Ordens

1457 Hauptprivileg des Königs von Polen erkennt die Selbstverwaltung der mit der Krone in Personalunion vereinigten Stadt an

1525 Einführung der Reformation

1558 Errichtung des Akademischen Gymnasiums

1577 Belagerung der Stadt durch König Stephan Bathory von Polen

1639 Der deutsche Dichter Martin Opitz stirbt in Danzig

1660 Friede zu Oliva

1703 Schweden belagern Danzig

1734 Russen beschießen die Stadt

1766 Johanna Schopenhauer in Danzig geboren

1773 Daniel Chodowiecki besucht seine Heimatstadt

1788 Arthur Schopenhauer geboren

1793 Danzig fällt mit der 2. polnischen Teilung an Preußen

1807–1814 Besetzung der Stadt durch Napoleon und Proklamation als «Freistaat»

1814–1919 Danzig wieder preußisch

1920 Begründung der «Freien Stadt Danzig» nach Versailler Vertrag

1925 Danzig wird selbständiges Bistum (Kathedrale Oliva)

1939 Einverleibung des Gebiets der Freien Stadt Danzig in die Grenzen des Deutschen Reichs

1945 Eroberung durch die Rote Armee am 30. März und Übernahme der Verwaltung durch polnische Behörden. Vertreibung der deutschsprachigen Bevölkerung aus ihren angestammten Wohnsitzen

1952 Beschluß über den Wiederaufbau der Innenstadt (Rechtstadt) in der historischen Erscheinungsform.

1975 Abschluß des Ausbaues des neuen Nordhafens

1980 Enthüllung des Denkmals der Werftarbeiter

1982 Indienststellung des neuen Segelschulschiffes «Dar Młodzieży»

1985 Feierliche Einweihung der Großen Orgel der Marienkirche

Weiterführende Literaturhinweise

Archenholz, Bogislav von, Bürger und Patrizier, 1970, Ullstein, Frankfurt

Bajcar, Adam, Gdańsk, Reiseführer, Polonia-Verlag, Warschau, 1967

Blech, Ernst, Das älteste Danzig, Danzig 1903

Bogucka, Maria, Das alte Danzig. Alltagsleben vom 15. bis 17. Jahrhundert, Leipzig, 1980

Bolduan, Tadeusz, Gdańsk 1945–1965, Polonia-Verlag, Warschau, 1967

Carl Jakob Burckhardt, Begegnungen, Manesse, Zürich, 1956

Carl Jakob Burckhardt, Meine Danziger Mission 1937–1938, dtv dokumente, München, 1962

Cuny, Georg, Danzigs Kunst und Kultur im 16. und 17. Jahrhundert, Frankfurt/M., 1910

Deurer, Wolfgang, Polnische Denkmalpflege am Scheidewege, in: Nordostarchiv, Lüneburg, Zft. f. Kulturgeschichte und Landeskunde, Jg. 17, 1984, Heft 75

Domagalla, Tadeusz, Gdańsk, Rathaus der Rechtstadt, Gdańsk, 1981

Drost, Willi, Danziger Malerei vom Mittelalter bis zum Ende des Barock, Berlin-Leipzig, 1938

Drost, Willi, Kunstdenkmäler der Stadt Danzig, Bd 1–5, Kohlhammer, Stuttgart, 1957–72

Dworetzki, Gertrud, Heimatort Freie Stadt Danzig, Droste, Düsseldorf, 1985, s. auch Omansen, Thomas

Dzienis, Helena, Katalog Zbioru Numizmatycznego, Biblioteki Gdańskiej Polskiej Akademii Nauk, Ossolineum, 1984

Guide to the Museums of the Gdańsk Area, Krajowa Agencja Wydawnicza, Gdańsk, 1977

Hewelt, W., Roick, H., Mattern, K.-H., Siegler, H. G., Danzig und das Haus, Hansestadt Danzig, Unser Danzig, Lübeck, 1983

Hoburg, K., Das Rathaus der Rechtstadt Danzig, in: Der Neuen Preußischen Provinzialblätter andere Folge, Bd. IV, Königsberg, 1854

Jakrzewska-Śnieżko, Dwór Artusa w Gdańsku, Poznań-Gdańsk, 1972

Jakrzewska-Śnieżko, Gdańsk s dawnych rycinach, Ossolineum, 1980

Kämpfert, Hans-Jürgen, Johannes Hevelius, in: «Westpreußen-Jahrbuch, 1970»

Kessler, Franz, Danziger Instrumental-Musik des 17. und 18. Jahrhunderts, Neuhausen-Stuttgart, 1979

Krzyżanowski, Lech, Führer durch die Dreistadt, Warszawa o. J.

Keyser, Erich, Die Baugeschichte der Stadt Danzig, Köln-Wien, 1972

Lewald, Hans, Danzig so wie es war. Nachwort Manfred Lotsch, Droste, Düsseldorf, 1974

Letkemann, Peter, Danzig. Bild einer Hansestadt, Ausstellungskatalog, Geheimes Staatsarchiv Preußischer Kulturbesitz, Berlin, 1980

Lichtenstein, Erwin, Bericht an meine Familie. Ein Leben zwischen Danzig und Israel. Nachwort Günter Grass, Luchterhand, Neuwied, 1985

Lingenberg, Heinz, Die Anfänge des Klosters Oliva und die Entstehung der deutschen Stadt Danzig, Klett-Cotta, Stuttgart, 1982

Lingenberg, Heinz, Danzig im Wandel vom 12. zum 13. Jahrhundert, in: Lübecker Schriften zur Archäologie und Kunstgeschichte, Bd. 7, Bonn, 1983

Löschin, Gotthilf, Danzig und seine Umgebungen, Danzig, 1860

Manthey, Franz, Heimat an Weichsel und Ostsee, Bernward Verlag, Hildesheim, 1964

Nitschke, Gerhard, Die Kathedrale zu Oliva, Hildesheim, 1963

Nowak, Zbigniew, Jan Dantyszek, Portret Renesansowego Humanisty, Ossolineum, 1982

Omansen, Thomas, Gdańsk. Danzig. Gdańsk. Rückblicke. In: Dworetzki, Heimatort Freie Stadt Danzig, Droste, Düsseldorf 1985

Pech, Hertha-Siegler, Hans Georg, Altdanziger Wohnkultur in literarischen Zeugnissen, Rautenberg, Leer, 1973

Scholtis, August, Reise nach Polen. Ein Bericht, Biederstein, München, 1962

Siegler, Hans Georg, Die Stadt Danzig. Das ist die Stadt am Bernsteinstrand. Ein Kulturfahrplan durch das alte Danzig, Rosenberg, Klausdorf, 1975

Siegler, Hans Georg, Glücklich vor allen Städten. Danziger Lebensbilder aus sechs Jahrhunderten, Vorwort Werner Hewelt, Unser Danzig, Lübeck, 1981

Stankiewicz, J., und Szermer, B., Gdańsk, Warszwa 1962, Arkady Edition:

Szermer, Bohdan, Gdańsk – Vergangenheit und Gegenwart, Warszawa, 1971

Sztuki, Zbiory, Muzeum Pomorskie w Gdańskú, Gdańsk, 1969

Szypowscy, Maria i. Andrzej, Gdańsk, Warszawa, 1978

Szypowscy, Maria i. Andrzej, Sopot, Warszawa, 1981

Wenig, Hans, Danzig, Betrachtungen der Stadt in vier Jahrhunderten, Gdańsk, Hoffmann & Campe, Hamburg, 1980

Zwarra, Brunon, Gdańsk 1939, Wydawnictwo Morskie, Gdańsk, 1984

Erzählte, erlebte Geschichte

Gertrud Dworetzki

Heimatort: Freie Stadt Danzig

Thomas Omansen

Gdańsk · Danzig · Gdańsk: Rückblicke

260 Seiten mit 81 Abbildungen, Linson mit Schutzumschlag

Als sie geboren wurde, die Tochter des Getreidehändlers, war Danzig, eine der schönsten alten Städte Europas, Hauptstadt der Provinz Westpreußen. Heimatort der Kindheit und der Jugend zwischen hohen Giebelhäusern, dem hellen Strand der Ostsee und den bewaldeten Höhen war die Freie Stadt, bis Hitlers Zugriff die jüdischen Bewohner vertrieb. Von Danzig nach Gdańsk: die Geschichte ist ihren Weg gegangen. Dieses Buch der Erinnerung erzählt auch von der Wiederbegegnung mit dem, was als Gdańsk aus den Trümmern neu entstand und heute anderen Heimat ist.

Droste Verlag

ERLÄUTERUNGEN

Baudenkmäler im historischen Stadtteil Główne Miasto (Rechtstadt)

1. Gebäudekomplex vor der Długa-Straße – Wieża Więzienna und Katownia
2. Tor Brama Złota und Gebäude Dwór Bractwa Św. Jerzego
3. Erhaltene Fragmente des Befestigungsturms Baszta Studzienna, der Wehrmauer und des Befestigungsturms Baszta Słomiana
4. Fragment der Wehrmauer und des Befestigungsturms Baszta Latarniana sowie der erhaltene Befestigungsturm Tor Brama Szeroka
5. Befestigungsturm Baszta Na Zamurzu
6. Befestigungsturm Baszta Jacek
7. Fragmente des nördlichen Teils der Wehrmauer um Główne Miasto
8. Befestigungsturm Baszta Łabędź
9. Tor Brama Straganiarska
10. Tor Brama Świętojańska
11. Żuraw (Krantor), heute Maritimes Museum
12. Tor Brama Św. Ducha
13. Tor Brama Mariacka und Gebäude Dom Towarzystwa Przyrodniczego, heute Archäologisches Museum
14. Tor Brama Chlebnicka
15. Tor Brama Zielona
16. Tor Brama Krowia
17. Torbefestigung Baszta Bramy Kotwiczników
18. Erhaltene Fragmente der Wehrmauern und des Tores Brama Żabia
19. Befestigungstürme Baszta Browarna und Baszta Schultza sowie Südflügel der städtischen Reitbahn
20. Befestigungsturm Baszta Narożna
21. Ratusz Główne (Rathaus)
22. Hist. Gebäude Dwór Artusa (Artushof) und Fontanna Neptuna (Neptunbrunnen)
23. Zeughaus Wielka Zbrojownia
24. NP-Marii-Kirche
25. Kaplica Królewska (Königliche Kapelle) und Pfarrhof der NP-Marii-Kirche
26. Św.-Mikołaja-Kirche
27. Św.-Jana-Kirche
28. Hospitalkirche und Św.-Ducha-Hospital
29. Hist. Gebäude Dom Uphagena (Uphagenhaus), Długa-Str. 12
30. Hist. Gebäude Lwi Zamek (Löwenschloß), Długa-Str. 35
31. Hist. Gebäude Złota Kamieniczka (Steffensche Haus), Długi Targ 41

Baudenkmäler in den historischen Stadtteilen Stare Miasto (Altstadt) und Osiek

32. Fragmente der Wehrmauer und eines Befestigungsturms der Kreuzritterburg
33. Ratusz Staromiejski (Altstädtisches Rathaus)
34. Wielki Młyn (Große Mühle)
35. Mały Młyn (Kleine Mühle)
36. Św.-Katarzyny-Kirche
37. Św.-Brygidy-Kirche
38. Św. Bartłomieja-Kirche
39. Św.-Jakuba-Kirche
40. Św.-Józefa-Kirche und ehem. Karmeliterkloster
41. Św.-Elżbiety-Kirche samt Kloster
42. Dom Opatów Pelplińskich (Haus der Pelpliner Äbte), Elżbietańska-Straße 3
43. Dom Kaznodziejów, Katarzynski-Straße 1–3
44. Poczta Polska (Polnische Post)

Baudenkmäler in Stare Przedmieście (Alte Vorstadt)

45. Turm Biała Wieża
46. Befestigungsturm Baszta pod Zrębem
47. Mała Zbrojownia (Kleines Zeughaus)
48. Św.-Trójcy-Kirche mit Św.-Anny-Kapelle und ehem. Franziskanerkloster, heute Pomorze-Museum
49. Św.-Piotra-i-Pawła-Kirche
50. Dom Galeriowy (Galeriehaus), Św.-Trójcy-Straße 1
51. Polnisches Gymnasium

Baudenkmäler auf der Speicherinsel Wyspa Spichrzów und in den Stadtteilen Ołowianka und Dolne Miasto (Niederstadt)

52. Gruppe von Speichern in der Chmielna-Straße – Nr. 59 (Pod koroną), Nr. 60, 61 und 62
53. Speicher Wisłoujście, Chmielna-Straße 53
54. Befestigungstürme Baszty Stągwie
55. Speicher Oliwski, Ołowianka-Straße 11
56. Speicher Królewski, Ołowianka-Straße 14
57. Speicher Nowa Pakownia, Szafarnia-Straße 9
58. Św.-Barbary-Kirche
59. Ehemalige Gewehrfabrik, Łąkowa-Straße 35/38
60. Klassizistisches Haus, Śluża-Straße 10

Baudenkmäler auf Biskupia Górka (Bischofsberg)

61. Bożego-Ciała-Kirche
62. Mennonitenkirche
63. Erhaltenes Fragment (Giebel) der Zbawiciela-Kirche in der Zaroślak-Straße
64. Chrystusa-Króla-Kirche
65. Sitz der polnischen Eisenbahndirektion während der Zwischenkriegszeit

Befestigungsanlagen der jüngeren Epochen

66. Bastion Św. Elżbiety (erhaltene Mauerreste)
67. Tor Brama Wyżynna
68. Bastion Św. Gertrudy
69. Tor Brama Nizinna
70. Bastion Żubr
71. Schleusenkomplex Śluza Kamienna (Steinschleuse, Befestigungsanlagen und Wassermühle)
72. Erhaltene Befestigungsanlagen in Dolne Miasto: A – Bastion Wilk, B – Bastion Wyskok, C – Bastion Miś und D – Bastion Królik
73. Tor Brama Żuławska
74. Tor Brama Oliwska – erhalten blieb nur der Name der Stelle, an der einst das Tor stand
75. Befestigungsanlagen auf der Anhöhe Grodzisko: A – Bastion Jerozolimski, B – Bastion Kurkowy, C – Bastion Neubaura, D – Reduta Napoleońska
76. Befestigungsanlagen auf dem Hügel Biskupia Górka: A – Bastion Vigilance, B – Bastion Ostroróg, C – Bastion Pośredni, D – Bastion Zbawiciela, E – Reduta und ehemalige Kasernen
77. Erhaltene Fragmente der Befestigungsanlagen in der Vorstadt Siedlce: A – Bastion Strakowskiego, B – erhaltene Fragmente der Bastion Piaskowy

Andere wichtige Objekte

78. Hauptbahnhof
79. Autobusbahnhof PKS
80. Anlegestelle für Fahrgastschiffe
81. Orbis-Hotel «Monopol»
82. Hotel «Jantar»
83. Teatr Wielki

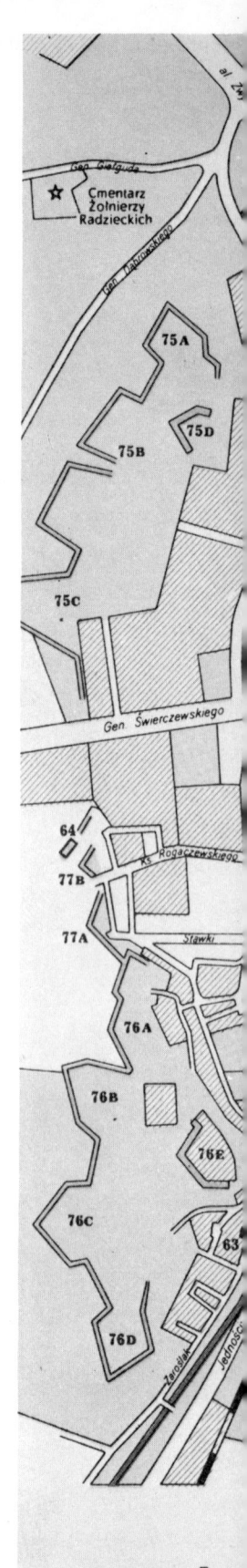

GDAŃSK

INNENSTADT